사회복지조사론

김장권 · 최재훈 · 서윤주

KNOWLEDGE COMMUNITY 공동체

머리말

우리는 하루에도 수많은 정보와 지식의 홍수 속에서 살아간다. 이 많은 정보와 지식이 우리 삶에 알게 모르게 영향을 미친다. 어떤 것은 우리가 안고 있는 문제를 해결하는 데에, 어떤 것은 그 문제를 미리 예견하여 예방하는 데에 유용하게 활용된다. 그러나 때로는 잘못된 정보와 지식으로 시행착오를 겪는 경우도 허다하다. 이러한 경험은 우리로 하여금 보다 정확하고 안정된, 즉 오류의 가능성이 적은 지식을 추구하게 한다. 여기 지식의 습득에 가장 좋은 방법으로 과학이 대두된다.

사회복지영역에서도 우리는 크고 작은 많은 문제에 당면하게 되고 이를 해결하려 든다. 이 과정에서 사회복지 실천가로서 혹은 정책가로서 우리의 전문성에는 먼저 사회복지의 철학과 가치가 밑바탕에 깔려 있어야 하는 것은 물론이지만, 과학적인 분석을 통한 가장 객관적이고 합리적인 해결방안을 제시할 수 있어야 하는 책임성 또한 요구된다. 사회복지조사론은 책임 있는 사회복지사들이 전문가로서 활동하기 위해 반드시 공부해야 하는 필수과목이다. 우리나라 사회복지사윤리강령 제2조제1항에는 "사회복지사는 클라이언트에게 최상의 서비스를 제공하기 위해, 지식과 기술을 개발하는 데 최선을 다하며 이를 활용하고 전파할 책임이 있다"라고 되어 있고, 미국의 사회복지사서비스 표준에도 "사회복지사는 사정과 개입계획을 위한 데이터 수집에 대한 지식과 개입행위의 효과를 검증하는 객관적인 측정방법을 이해하고 있어야 한다"라고 사회복지사에게 전문성 제고를 위한 사회복지조사방법의 중요성을 강조하고 있다.

이 책은 사회복지사의 전문성 제고를 위해 필수적으로 배우고 익혀야 하는 사회복지조사방법을 한국사회복지교육협의회가 제시하는 사회복지학 교과목지침에 따라 구성하려고 노력하였다. 특히 한 학기 3학점 과정으로 배울 수 있도록 분량을 적절하게 짜맞추어 보려고 했다. 필자가 여러 해 동안 사회복지조사론을 강의해 오면서 느낀 점은 일반적으로 학생들에게 사회복지조사론은 복잡하고 어려운 과목으로 인식된다는 점이다. 학생들에게 너무 방대한 내용을 한 학기에 다 습득하도록 무리하게 강의 진도를 진행하는 것에서 오히려 사회복지조사론을 어렵게 만든다는 판단이다. 따라서 이 책은 한 학기에 충분히 소화할 수 있을 정도의 분량과 내용으로 구성하였다. 책의 분량이 한 학기 분량이지만 조사방법을 이해하고 실제로 조사연구를 위해 알고 준비해야 하는 절차에 따라 핵심 내용을 알기 쉽게 수록하였다. 특히 사회복지사 1급 자격증시험을 대비하는 학생들을 위해 내용의 범위를 자격증시험 수준을 감안하여 적어도 이 책의 내용이면 충분히 대비할 수 있도록 집필하였다. 아무쪼록 이 책을 통해 사회복지를 공부하는 학도들에게 좋은 성과가 있기를 바란다.

이 책이 나오기까지 애써주신 공동체 출판사 김동훈 사장님을 비롯한 임직원 여러분께 감사 드린다.

2025년 12월

가톨릭상지대 율세동산 소피아관에서

대표 저자 김장권

차 례

CONTENTS

CHAPTER 13 평가조사 / 233

CHAPTER 14 보고서 작성 / 249

CHAPTER 01

사회복지조사와 과학

1. 사회복지조사와 연구방법
2. 과학과 과학적 지식탐구
3. 과학적 방법
4. 과학철학
5. 과학으로서의 사회과학

CHAPTER 01

사회복지조사와 과학

1. 사회복지조사와 연구방법

1) 조사(Research)

'Research'는 일반적으로 '조사', '조사연구' 또는 '연구'로 번역하여 사용하며, 그 의미는 "어떤 현상들에서 지식을 습득해 내는 것"을 말한다. 지식을 습득하는 방법은 여러 가지 방법이 있겠으나 여기서는 과학적 방법을 통한 지식 습득을 말한다. 즉, 조사란 "현상을 설명하기 위한 과학적 탐구"라고 정의할 수 있다. 이것을 좀 더 구체적으로 표현하면, 조사란 현상을 파악하거나 해결하기 위한 방안을 강구하기 위해 합리적이고 과학적인 절차와 타당한 논리적 원칙에 입각하여 기존의 지식을 기각 또는 강화하거나 새로운 지식을 만들어내려는 실천적 지식탐구활동이라고 말할 수 있다.

예를 들어, 특정 지역의 노인 빈곤 문제를 조사할 때, 단순히 빈곤 인구수를 파악하는 것을 넘어, 빈곤의 원인(예 건강 악화, 사회적 지지 부족, 고용 불안정 등)을 과학적으로 분석하고, 이를 통해 노인복지정책의 방향성을 제시하는 과정이 조사에 해당한다. 한편 과학적 방법으로 도출한 지식을 우리는 과학적 지식이라고 하는데, 이는 자연과 인간사회에서 일어나는 여러 현상들을 기술하고 설명하기 때문에 우리의 행위와 판단의 근거가 된다. 이러한 과학적 지식을 습득하는 데 필요한 절차와 방법에 관한 것이 조사방법(research method)이다.

- 역사적 배경 : 조사라는 용어는 19세기 사회과학이 독립된 학문영역으로 발전하면서 본격화되었다. 초기 사회학자 뒤르켐(Durkheim)은 『자살론』(1897)에서 대규모 통계자료를 활용하여 자살 현상을 사회학적으로 설명하였고, 이는 사회조사방법론의 시초로 평가된다.
- 현대적 의미 : 오늘날 조사란 단순히 사실을 기록하는 것을 넘어, 문제해결 방안을 도출하고 정책이나 실천에 적용 가능한 근거자료를 제공하는 과정으로 이해된다. 따라서 조사는 지식 축적과 동시에 사회문제 해결의 실천적 도구로서 기능한다.

2) 사회복지조사

조사의 의미가 어떤 현상들에서 지식을 습득해 내는 것이라면 사회복지조사는 사회복지에서 다루고자 하는 현상들에서 지식을 습득해 내는 것이라 말할 수 있다. 사회복지가 다루고자 하는 관심사는 인간과 인간과 관계된 사회현상으로, 특히 개인, 가족, 집단, 지역사회의 문제해결과 욕구충족에 있다. 사회복지는 이러한 제문제에 적절하게 대처함으로써 사람들에게 삶의 질을 향상시켜 행복하게 살아가도록 한다. 이를 위해서는 이들 문제의 본질을 이해할 수 있는 지식과 문제해결에 필요한 실천적 지식이 당연히 필요하다.

사회복지를 위한 지식은 기존 학문분야들에서 차용될 수도 있고, 사회복지실천과정에서 직접 도출될 수도 있다. 사회복지학은 일종의 다학제(interdisciplinary)적 성격이 강하여 인간과 인간사회에 대하여 관심을 갖는 거의 모든 분야의 학문들, 즉 사회학, 심리학, 경제학, 행정학, 정치학, 간호학, 정신의학, 정신분석학, 특수교육학 등과 철학과 윤리학까지를 아우르고 있다. 따라서 사회복지를 위한 지식은 이들 학문들에서 많은 부분 활용된다. 예를 들어, 아동학대 문제에 대한 개입방안을 모색할 때 심리학의 아동발달 이론, 사회학의 가족 구조 이론, 법학의 아동보호법 등을 종합적으로 고려하는 것과 같다.

그러나 한편으로 사회복지실천현장은 시시각각으로 변하고 있다. 인구 구조의 변화(고령화, 저출산), 가족 형태의 다양화(1인가구 증가, 한부모가정), 사회적 위험의 새로운 출현(디지털 중독, 고립 청년, 기후 위기 관련 재난) 등 과거에는 없었거나 중요하게 다루어지지 않았던 문제들이 지속적으로 발생한다. 이럴 때마다 적용할 수 있는 지식을 기존 학문에서만 가져올 수 있는 것은 아니다. 변화하는 실천현장에서 새로운 경험과 시도를 통해 문제해결을 위한 새로운 지식과 이론을 끊임없이 만들어내고 발전시켜 이를 활용함으로써 사회복지의 발전을 가져오게 된다. 사회복지조사는 바로 사회복지실천현장에서 새로운 사회복지 지식과 이론을 개발하고 발전시키는 도구 또는 연구방법이다.

사회복지조사는 다음과 같은 구체적인 역할을 수행한다.

- **사회문제의 원인 규명** : 특정 사회문제가 왜 발생하는지, 그 배후에는 어떤 요인들이 복합적으로 작용하는지를 밝혀낸다.
- **욕구 파악** : 클라이언트나 지역사회가 진정으로 필요로 하는 서비스나 자원이 무엇인지 객관적으로 측정한다.
- **프로그램 효과성 평가** : 도입된 사회복지 프로그램이나 정책이 목표한 바를 달성했는지, 어떤 긍정적 또는 부정적 영향을 미쳤는지 과학적으로 검증한다. 이는 근거기반실천(Evidence-Based Practice)의 핵심 요소로, 한정된 자원을 효율적으로 배분하고 책임성을 강화하는 데 필수적이다.
- **정책 개발 및 개선** : 조사결과를 바탕으로 새로운 사회복지정책을 제안하거나 기존 정책의 문제점을 개선한다.

결론적으로 사회복지조사는 사회복지의 목적을 수행하기 위한 하나의 도구로서, 개인의 복지욕구를 충족시키고 사회문제 해결방안을 강구하기 위한 과학적 지식탐구의 절차이며, 사회복지지식 개발을 위해 관련 현상에 대한 관찰과 정보수집을 통해 얻은 실증적인 자료를 분석하여 검증하는 과학적 지식탐구의 한 방법이다. 그중에서도 사회과학연구의 한 방법이라 할 수 있다.

사례

- **지역복지체감도 조사** : 지방자치단체 단위에서 주민의 복지체감도를 조사하여 지역사회보장계획에 반영
- **장애인 욕구조사** : 장애인의 생활실태와 서비스 욕구를 파악하여 맞춤형 서비스 제공 근거 마련
- **노인돌봄 실태조사** : 고령화 사회에서 노인돌봄 정책 수립의 핵심 근거로 활용
- **청년 고립 · 은둔 실태조사** : 최근 증가하는 사회문제를 파악하여 청년정책에 반영
- **청송군 지역주민 복지체감도 실태조사(2024)**
  - 조사대상 : 711가구 중 407가구 응답
  - 방법 : 설문지 + 집단심층면접(FGI) 혼합
  - 결과 : 복지체감도가 높은 분야는 보건 · 안전, 낮은 분야는 일자리 · 소득 보장
  - 활용 : 청송군 제5기 지역사회보장계획 수립

3) 사회조사방법

사회조사방법은 사회현상에 대한 사실, 지식, 이론을 실증적 자료를 통해서 논리적 · 체계적 · 경험적 · 객관적으로 밝혀내는 방법이다. 좋은 도구를 사용해야 일의 성과를 올릴 수 있듯이 학문이 발달하기 위해서는 학문의 방법(도구)이 중요하다. 특히 인간과 사회현상은 자연현상보다 훨씬 복잡하고 다양한 변수들이 얽혀 있기 때문에, 정확한 진단과 분석을 위해서는 정교한 사회조사방법이 필수적이다.

사회조사방법은 다양한 데이터 수집 기법(설문조사, 심층 인터뷰, 참여관찰, 내

용 분석 등)과 분석 기법(통계분석, 질적 내용 분석 등)을 포함한다. 이러한 방법론의 발전은 사회현상에 대한 우리의 이해를 심화시키고, 사회복지실천의 효과성을 높이는 데 크게 기여하고 있다.

2. 과학과 과학적 지식탐구

1) 과학의 정의

과학(science)이라 함은 라틴어로 'scientia'라 하며, 그 말의 어원은 'scio'(앎, 이해, 지식을 가짐)이다. 즉, 과학은 "어떤 현상에 대해 알아내는 것"이며, 우리는 그 알아낸 것을 지식 또는 이론이라 한다. 여기서 어떤 현상을 이해하여 거기에서 지식과 이론을 도출하기 위해서는 누구나 공감하고 인정할 수 있는 일련의 체계적 과정과 논리적이고 객관적인 방법이 필요한데 이를 과학적 방법이라 한다. 이를 바탕으로 과학에 대해 좀 더 구체적으로 정의하면, "과학이란 자연과 사회의 현상에 대해 과학적 방법으로 설명하고 규명하는 작업"이다. 다른 말로 표현하면, "과학은 과학적 방법으로 지식과 이론을 형성하는 과정"이라고 정의할 수 있다.

과학은 연구대상에 따라 크게 자연과학과 사회과학으로 나뉜다.

- **자연과학** : 물리학, 화학, 생물학 등 자연현상을 연구한다. 통제된 실험환경에서 변수 간의 관계를 명확히 밝히는 것을 목표로 한다.
- **사회과학** : 사회학, 심리학, 경제학, 정치학 등 인간과 관련된 사회현상을 연구한다. 인간의 복잡한 심리, 행동, 사회구조 등을 분석한다.

2) 과학적 지식탐구와 비과학적 지식탐구의 오류

(1) 과학적 지식탐구

과학적 지식이란 과학적 방법에 의해 얻은 지식을 의미한다. 즉, 논리적·체계적·경험적·객관적 절차와 과정을 통해 얻은 지식을 말한다.

과학이라 하면 자연과학을 먼저 떠올리게 되지만, 요즘은 과학을 자연과학과 사회과학으로 분류하는 것이 일반적이다. 자연과학의 연구대상은 자연현상이고 사회과학의 연구대상은 인간과 인간과 관련된 사회현상, 즉 인간의 믿음, 행동, 상호작용, 제도 등이다. 이러한 연구대상의 차이는 지식의 탐구방법에서도 많은 차이를 보여준다. 과학적 지식을 얻기 위해서 자연과학에서는 일반적으로 실험이란 방법을 많이 쓴다. 그러나 사회과학은 그 연구대상의 특수성 때문에 실험이란 방법을 쓰기가 어려우며, 실험 대신 실증적인 자료에 의해 사회현상을 분석하는 사회조사방법을 주로 활용한다. 예를 들어, 새로운 복지정책이 지역사회 주민들의 삶에 미치는 영향을 알아보기 위해 모든 주민을 대상으로 실험을 하는 것은 불가능하다. 대신 설문조사, 심층 인터뷰, 통계 자료 분석 등 사회조사방법을 사용한다.

과학적 지식탐구는 현상에서 개념, 개념에서 가설, 가설에서 검증의 과정을 거쳐 이론을 도출하는 것으로 매우 체계적인 틀을 갖추고 있어서 오류의 가능성이 비과학적인 지식탐구보다 낮다고 할 수 있다.

(2) 비과학적 지식탐구와 그 한계

지식탐구에 있어서 과학적 방법이 아닌 비과학적 방법, 즉 관습과 권위, 직관에 의한 방법이 있다. 물론 이러한 방법으로 얻은 지식이 다 잘못된 것이라고는 말할 수 없다. 오랜 세월 축적된 경험이나 전문가의 권위 있는 의견도 중요한 통찰을 제공할 수 있기 때문이다. 그러나 많은 경우 오류의 가능성이 높다. 그것은 체계적이고 논리적인 검증 절차 없이 받아들여지는 것이기 때문에 올바른 지식이라고 하기에는 한계가 있다.

〈표 1-1〉은 비과학적으로 지식을 탐구하는 방법과 그 오류에 대한 설명이다. 사회복지현장에서는 이러한 비과학적 지식탐구의 오류를 경계하고, 과학적 사고방식을 바탕으로 문제에 접근하는 것이 중요하다.

〈표 1-1〉 비과학적 지식탐구와 오류

유 형	설 명	사회복지현장 사례	오류를 피하기 위한 방안
① 부정확한 관찰	일상적인 관찰이 무의식적으로 이루어져 정확하지 않을 경우	복지관 이용자 상담 후, 특정 이용자의 신체 특징이나 행동 양상을 잘못 기억하는 경우	관찰을 더 정교하고 계획적으로 수행하고, 기록지를 활용하여 정확한 정보를 기록한다.
② 과도한 일반화	소수의 예외적인 사례를 전체적이고 일반적인 사실로 확대 해석하는 오류	몇몇 노숙인의 자활 실패 사례를 보고, '노숙인들은 자활 의지가 부족하다'고 일반화하는 경우	통계적으로 충분한 숫자의 반복 조사와 다양한 사례 분석을 통해 결론을 도출한다.
③ 선별적 관찰	특정 패턴이 있다고 판단될 때, 그 패턴에 일치하는 사건에만 관심을 기울이고 벗어나는 현상은 의도적으로 무시하는 경향	'노인 우울증은 주로 독거노인에게 나타난다'고 믿는 사회복지사가 노인 부부의 우울증 사례는 간과하는 경우	관찰의 숫자나 종류를 미리 설계하여 특정 경향에 치우치지 않도록 한다.
④ 꾸며낸 지식 (고정관념)	자신이 알고 있는 사실이나 결론에 어긋나는 현상이 발생할 경우, 기존 지식을 유지하기 위해 그럴듯한 정보를 만들어내는 경우	자신이 기획한 아동돌봄 프로그램의 참여율이 낮자, '맞벌이 부부들이 너무 바빠서 참여하기 어렵다'는 이유를 만들어내는 경우	자기중심적인 생각보다는 객관적인 데이터와 다른 관점을 적극적으로 수용한다.
⑤ 사후가설 (소급가설)	사전에 가설을 설정하지 않고, 관찰이 먼저 이루어진 후에 그 결과에 맞게 가설을 설정하는 경향	특정 복지 사업이 성공적으로 마무리된 후, '우리는 처음부터 이런 성공을 예상했다'며 뒤늦게 성공 요인을 분석하는 경우	연구 시작 전 명확한 연구 가설을 설정하고, 그 가설을 검증하는 방식으로 접근한다.

⑥ 비논리적 추론	일상적인 생각으로는 그럴듯하게 보이지만, 실제로는 비논리적인 오류를 범하는 경우	특정 클라이언트가 여러 번 상담에 실패했으므로, '이번 상담은 반드시 성공할 것'이라고 비논리적으로 기대하는 경우(도박사의 오류)	논리적 관계와 통계적 확률을 이해하고, 독립적인 사건을 연결 짓지 않도록 주의한다.
⑦ 자아개입	어떤 현상에 대해 객관적으로 받아들이고 설명하려는 것이 아니라, 자신의 입장을 중심으로 이해하는 경우	팀 프로젝트의 실패 원인을 자신의 기여 부족이 아닌 '다른 팀원들의 협조 부족' 때문이라고 주장하는 경우	다양한 관점을 수용하고, 객관적인 데이터를 바탕으로 상황을 판단하려 노력한다.
⑧ 탐구의 조기 종결	어떤 사실이 완벽하게 이해되기 전에 탐구를 종결하는 경우	한두 번의 상담만으로 클라이언트의 문제를 완전히 파악했다고 생각하고, 추가적인 탐색을 멈추는 경우	지식은 끊임없이 변화하므로, 열린 자세로 지속적인 탐구와 학습을 이어나간다.
⑨ 신비화	이해할 수 없거나 이해하기 어려운 사실이나 현상에 대해 초자연적이거나 신비화된 이유로 설명하려는 것	지역사회 주민의 무기력감을 사회구조적 문제나 심리적 요인이 아닌 '집안의 불운한 기운' 때문이라고 설명하는 경우	모든 현상을 과학적 방법으로 설명하려 노력하고, 경험을 통해 증명될 수 있는 것만을 지식으로 받아들인다.

사례

- **코로나19 온라인 설문조사의 한계**

  온라인으로만 진행된 조사에서 고령층 응답률이 현저히 낮아 결과 편향이 발생했다. 이후 연구자들은 전화 및 대면조사를 병행하여 표본의 대표성을 보완했다.

3. 과학적 방법

앞에서 살펴본 바와 같이 지식탐구의 방법이 다양한데, 그 가운데 한 방법이 과학적 방법이다. 물론 과학을 절대적인 지식탐구의 완전한 방법이라고 할 수는 없다. 그렇더라도 과학은 인간이 가질 수 있는 가장 앞선 지식 습득의 방법임에는 틀림이 없다. 과학적 방법은 인류의 지식 발전에 가장 크게 기여해 왔으며, 특히 복잡한 사회문제를 해결하는 데 필수적인 도구이다.

1) 과학적 방법의 의미와 조사방법론

과학적 방법(scientific method)이란, 과학적 지식을 얻는 방법으로 커링거(Kerlinger)에 의하면, "일반 현상 가운데 관계가 있을 것이라고 생각하는 가설적인 명제들을 논리적 · 체계적 · 경험적 · 객관적으로 탐구하는 활동"이라 정의하고 있다(채서일, 2005 재인용). 즉, 과학적 방법은 연구절차가 논리적 · 체계적이어야 하고, 경험적으로 검증이 가능해야 하며, 다른 사람들에 의해 연구되어도 동일한 결과를 얻을 수 있도록 객관적이어야 한다.

요컨대 과학적 방법은 다음과 같은 전제를 가진다.

- **논리성 · 체계성** : 연구문제 설정에서 가설 도출, 조작적 정의, 자료수집과 분석, 해석 · 결론에 이르기까지 절차가 일관된 논리 위에 조직되어야 한다.
- **경험적 검증 가능성** : 제기된 설명과 가설은 관찰 · 측정 가능한 자료를 통해 반증 가능해야 한다.
- **객관성(간주관성)** : 동일한 절차를 타 연구자가 따라도 유사한 결론에 도달할 수 있어야 한다.

과학은 현상에 대한 설명을 위해 경험을 중요시한다. 아무리 그럴듯한 논리라도 경험적 · 실증적으로 검증되지 않으면 안 된다. 그러나 경험의 기초가 되는 논리를 배제한다는 것은 아니다. 다만, 과학적 인식방법이 도입되기 이전까지 분리되어 왔던 '논리'와 '경험'을 결합시켜 사실에 대한 확인을 시도하는 것이 과학적 방법이다. 그래서 과학적 방법을 '논리-경험적(logico-empirical)'이라 하고, 과학의 가장 중요한 특성으로 간주한다(김영종, 2007). 따라서 과학에서는 어떤 설명이 논리성과 경험성이라는 두 조건을 모두 충족하는지를 확인한 다음 비로소 지식으로 인정한다. 아무리 논리적으로 뛰어나더라도 경험적으로 검증될 수 없다거나, 경험적인 사실이 있다 해도 논리성을 갖추지 못하면 과학적인 지식으로 간주하지 않는다.

과학적 방법에서 논리성은 이론을 뜻하고, 경험성은 조사 혹은 관찰을 의미한다. 이론이란 어떤 현상에 대한 논리적인 설명이고, 조사는 그러한 논리들을 경험적으로 검증해 보는 것이다. 따라서 과학적 지식은 이론과 조사의 결합으로 도출되며, 과학적 조사연구를 통해 그러한 결합이 만들어진다. 여기에서 과학적 조사(연구)가 어떻게 수행되어야 하는지를 다루는 것이 곧 조사방법론(research methodology)이다.

2) 과학적 방법의 특징

(1) 논리성

과학적 방법은 논리적 사고에 의존한다. 과학의 논리성이란 원인과 결과가 있을 때 원인이 결과에 대해 시간적 우선성이 있음을 말한다. 또한 원인과 결과의 연결이 우리가 알고 있는 지식체계 내에서 객관적 사실에 의해 뒷받침되어야 한다. 그리고 원인과 결과의 관계에서 영향을 줄 개연성이 있는 제3의 다른 요인을 배제한 상태에서 인과관계가 있음이 증명되어야 한다. 일반적으로 논리성을 지니기 위해서는 연역과 귀납이라는 두 가지 방법에 의해 논리를 전개해 나간다.

(2) 인과성(결정론적)

과학에서 모든 현상은 반드시 어떤 원인에 의해서 나타난 결과이며, 이러한 원인과 결과는 논리적으로 설명할 수 있어야 한다. 그러나 연구자들이 과학적 방법을 사용한다고 하여 모든 현상의 원인을 안다는 것은 불가능하며 안다고 하지도 않는다. 그리고 한 가지 현상에 대해 여러 가지 원인이 존재할 수 있다는 것을 인정한다. 여기서 과학적 방법은 확률적 결정론을 포함한다. 즉, 원인으로 인해 결과가 나타날 수 있는 가능성을 확률로 표현하는 것을 말한다. 예를 들어, 흡연이 폐암의 원인이 된다고 할 때 모든 흡연자가 폐암에 걸리는 것은 아니지만, 흡연자가 비흡연자보다 폐암에 걸릴 확률이 유의미하게 높다는 것을 밝히는 것이다.

(3) 일반성

일반성이란 경험을 통해 얻은 구체적인 사실들을 바탕으로 보편적인 원리를 추구하는 것을 말한다. 즉, 개별적인 현상 하나하나를 설명하기보다는 많은 대상을 조사하여 일반적 성향을 밝혀냄으로써 일반적인 원리를 추구한다. 예를 들어, 특정 지역의 노인들을 대상으로 한 연구를 통해 "사회적 관계망이 활발한 노인일수록 삶의 만족도가 높다"는 일반적인 원리를 도출하는 것과 같다.

(4) 간결성

과학자들은 어떤 현상을 유형별로 공통적인 요소를 찾아내어 일반화하고 동시에 현상의 유형을 구분하는 데 도움이 되지 않는 요소는 배제함으로써 이론을 명확하게 한다. 이를 간결성이라 한다. 과학의 간결성은 어떤 현상을 이해함에 있어 필요한 최소한의 설명변수만을 이용하여 가능한 최대의 설명력을 얻으려고 한다.

(5) 구체성

과학적 방법에서 사용되는 개념들은 다양한 해석이 가능하다. 예를 들어,

직업능력이라 함은 외국어능력, 전공능력, 친화력, 리더십, 창의력 등 여러 개념으로 설명될 수 있다. 따라서 연구자는 연구를 발표할 때 개념들이 구체적으로 어떻게 측정되었는지 개념의 조작화를 통해 개념을 보다 정확히 측정하고 정의해야 한다. '삶의 질'을 연구한다면, 이를 경제적 만족도, 건강 상태, 사회적 관계망 만족도 등으로 구체적으로 정의하고 측정하는 방식이다.

(6) 경험적 검증 가능성

연구자가 제시한 이론들이 현실 세계에서 경험을 통해 검증될 수 있어야 한다는 것이다. 경험할 수 없는 것은 과학의 대상이 아니다. 과학적 방법은 어떤 현상에 대해 실증적 자료를 분석하여 경험적으로 검증하는 것이다. 종교적 믿음이나 초자연적인 현상은 경험적으로 검증하기 어렵기 때문에 과학의 영역이 아니다.

(7) 간주관성

여러 연구자들이 어떤 현상에 대해 서로 다른 동기를 가지고 연구를 하더라도 동일한 방법과 과정을 통해 검증할 경우 동일한 결론에 도달할 수 있어야 한다는 것을 의미한다.

(8) 수정 가능성

과학은 "변하지 않는 진리란 없다"라는 전제에서 시작한다. 과학자는 기존의 이론들을 과학적 방법으로 새롭게 거듭 확인해 나감으로써 오류가 발견되는 경우에는 수정하여 새로운 이론을 이끌어낸다.

(9) 재생 가능성

재생 가능성이란 같은 방법을 사용했을 때 누구나 같은 결과를 얻을 수 있는 가능성을 의미한다. 즉, 같은 연구절차와 방법에 따라 연구를 반복하면 동일한 결과가 발생한다. 그러나 과학은 절대적으로 재생 가능한 지식을 찾는 방법이라기보다는 좀 더 재생 가능한 지식을 얻는 방법이라 할 수 있다.

(10) 객관성

객관성은 다수의 사람들이 하나의 대상을 같게 인식하고 그로부터 얻은 결과가 일치하는 것을 의미한다. 그러나 사람들 간에 어떤 현상에 대해 항상 같은 인식을 한다고 보기는 힘들다. 따라서 과학적 방법은 좀 더 객관성을 높일 수 있는 도구를 개발하고, 표준화된 기호 및 용어의 고안이 필요하다. 즉, 객관성 확보를 위해 표준화된 척도 개발이 필요하다. 예를 들어, '생활만족도'를 측정할 때 단순히 '만족한다/ 만족하지 않는다'가 아니라, 리커트 척도(예 매우 불만족-불만족-보통-만족-매우 만족)와 같이 표준화된 도구를 사용하여 개인의 주관성을 최소화하는 것이다.

3) 과학적 방법의 논리 체계 : 연역법과 귀납법의 상호관계

(1) 연역법

연역적 논리는 일반적인 것으로부터 특수한 것을 추론해 내는 접근방법이다. 연역법(deduction)은 이론 → 가설 → 조작화 → 관찰 → 검증이라는 절차를 거친다. 즉, 이론을 토대로 가설을 설정하고, 가설에 포함된 변수들이 추상적인 경우 경험적으로 조사 가능한 대체 개념을 개발(조작화)하여 관찰을 한 후 가설의 채택 또는 기각 여부를 검증한다.

연역법의 고전적인 예는 다음과 같다.

① 모든 사람은 죽는다.
② 소크라테스는 사람이다.
그러므로 ③ 소크라테스는 죽는다.

이 삼단논법의 전제가 된 이론을 검증하기 위해서는 소크라테스의 죽음을 경험적으로 검증하면 된다. 소크라테스의 죽음이라는 특수한 사실에 대한 검증을 통해 기존의 이론을 채택하거나 기각하게 된다.

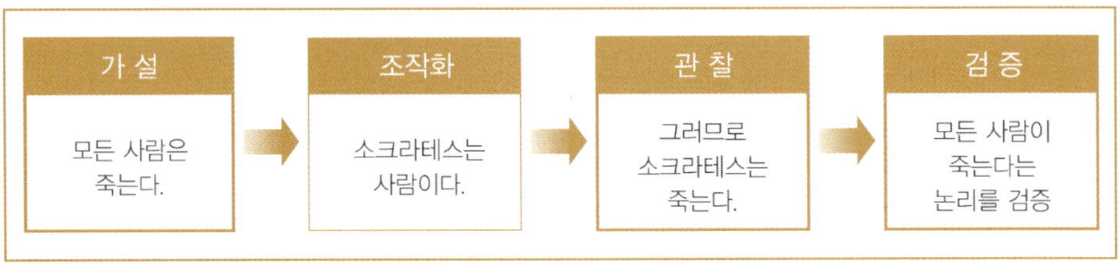

사회복지에서는 "긍정적 관계 경험이 자존감을 향상시킬 것이다"라는 이론에서 "집단 프로그램 참여는 청소년의 자존감을 높일 것이다"라는 가설을 세우고, 실제 프로그램 참여 청소년들을 관찰하여 자존감 변화를 측정하는 것이 연역법적 접근이다.

(2) 귀납법

귀납적 논리는 개별적이고 특수한 현상들로부터 일반적인 이론을 도출해 내는 접근방법이다. 귀납법(induction)은 관찰 → 경험적 일반화 → 잠정적 이론 형성이라는 절차를 거친다. 연역법과 달리 귀납법은 구체적인 사실들에서 시작하여 일반적인 결론을 이끌어낸다.

예를 들어, "우리가 지금까지 만난 모든 사회복지사는 친절했다. 그러므로 모든 사회복지사는 친절하다"라는 결론을 내리는 것이 귀납법이다. 또 다른 예시로, 여러 지역의 고립된 노인들을 심층 인터뷰한 결과, 그들이 공통적으로 사회적 지지망의 부재와 경제적 어려움을 호소했다면, 이를 바탕으로 "사회적 고립은 경제적 어려움 및 사회적 지지망 부족과 밀접한 관련이 있다"는 잠정적인 이론을 형성할 수 있다. 이러한 귀납적 접근은 새로운 지식이나 이론을 탐색하고 발견하는 데 매우 유용하다.

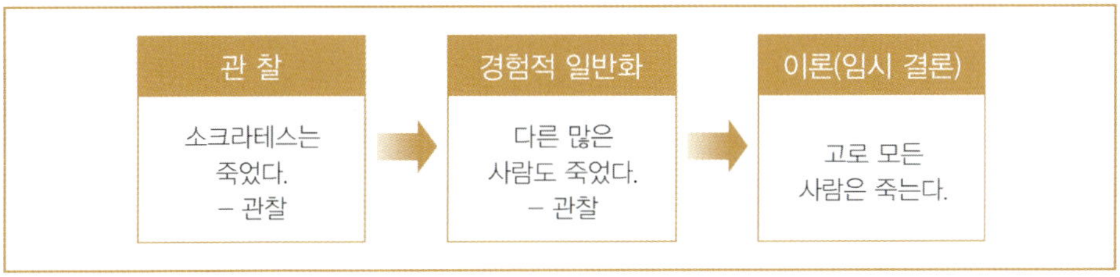

(3) 연역법과 귀납법의 상호관계

연역법과 귀납법은 논리적으로 이론체계가 구별될 수 있고 또한 연구목적에 따라 각각 독립적으로 적용될 수 있으나, 성격상 두 가지의 논리적 체계는 순환적으로 반복되는 과정을 되풀이하면서 지식이 형성된다. 이론을 바탕으로 가설이 나오고, 가설은 관찰을 요구하며, 관찰은 일반화를 낳고, 이러한 일반화에 의해 이론이 수정된다. 수정된 이론은 다시 다소 수정된 가설과 새로운 관찰을 제시하며 역시 다소 수정된 일반화를 낳고, 그래서 이론을 더욱 수정시키는 끊임없는 순환과정이다.

연역법은 기존의 이론으로부터 도출된 가설을 실증적으로 검증하여 가설이 현상을 설명하고 있는지를 확인하는 전형적인 양적 연구의 특성을 지니고 있다. 따라서 연역법만으로는 새로운 지식체계를 정립하는 데 있어 제한적인 면이 있다고 볼 수 있다. 반면에 귀납법은 현상에 내재된 요인을 규명하는 질적 연구로서 새로운 지식을 발견하고자 하는 탐색연구의 특성을 지니고 있어서 조사된 특별한 부분의 이해를 돕기 위해, 그리고 미래의 연구를 위해 검증 가능한 가설을 새롭게 만들어낸다. 그러나 이론이 되기 위해 연역적인 방법으로 검증과정을 거쳐야 할 필요가 있다. 따라서 연역법과 귀납법은 상호 보완적인 관계를 가진다고 볼 수 있다. 두 방법론을 함께 활용할 때 사회현상을 더욱 깊이 있고 총체적으로 이해할 수 있다.

4. 과학철학

과학철학은 과학적 방법에 대한 규범 또는 원리를 연구하는 철학적 활동이다(채구묵, 2010). 과학적 방법에 대한 근본적인 원리를 논하는 철학적 입장은 시대에 따라 변화해 왔다. 16~17세기 귀납주의 대 연역주의의 논쟁으로부터 논리적 실증주의, 논리적 경험주의 등을 거쳐 포퍼의 반증주의, 쿤의 과학적 혁명 등 주요한 철학적 질문들이 끊임없이 제기되어 왔다. 과학의 발달에 영향을 준 주요 철학사조는 다음과 같다(채서일, 2005).

1) 논리적 실증주의(Logical Positivism)

스펜서(H. Spencer)의 고전적 실증주의와 베이컨(F. Bacon)의 경험주의 전통을 결합한 입장으로, 경험적으로 검증될 수 있는 명제만이 의미 있는 객관적 지식이라고 본다. 형이상학적 · 규범적 명제는 무의미하다고 간주했다.

- 한계 : (a) 귀납의 문제—제한된 관찰로 보편명제를 정당화하기 어렵다.
  (b) '충분한 관찰'의 기준이 애매해 검증준거가 모호하다(Chalmers, 1994

재인용). (c) 관찰이 이론의존적일 수 있어 관찰자 편향과 해석의 자의성이 개입될 위험이 있다.

- **적용 예** : 정책효과를 '관찰·측정 가능'한 지표로 환원하는 장점이 있으나 가치·의미 차원을 소거할 위험이 있어 질적 접근과의 보완이 필요하다.

2) 논리적 경험주의(Logical Empiricism)

논리적 실증주의의 엄격한 '검증 가능성' 대신 '확증 가능성(confirmability)' 개념을 도입한다. 즉, 이론은 반복되는 경험적 관찰을 통해 확률적으로 지지를 얻으며 점진적으로 진리에 접근한다고 본다.

- **한계** : 여전히 유한한 관찰에 의존하며 관찰과 측정의 주관성을 완전히 배제하기 어렵다.
- **적용 예** : 패널조사·반복조사로 경향성을 추적하며 이론 지지를 강화하는 접근과 상응한다.

3) 반증주의(Falsificationism)

칼 포퍼(K. Popper)는 과학의 발전을 반증 가능성에 둔다. 이론은 '참'으로 증명되기보다 반증 시도를 통과하며 임시적으로 생존한다. 즉, 과학은 기존 이론과 상충하는 관찰로부터 시작해 연역적 검증과 엄격한 반증 시도를 거친다.

- **핵심** : "좋은 이론일수록 과감하고, 동시에 반증 가능한 위험한 예측을 낸다."
- **적용 예** : "기본소득 지급은 단기 고용을 감소시킨다"는 예측을 전향적으로 시험하는 무작위실험/ 준실험 설계를 통해 예측이 깨지는지를 본다. 깨지면 대안을 모색한다.

4) 과학혁명(Scientific Revolution)

토마스 쿤(T. S. Kuhn)은 과학이 정상과학－이상현상 축적－위기－패러다임 전환의 주기를 통해 혁명적으로 발전한다고 주장한다. 패러다임은 관찰·문제선정·평가기준을 규정하는 공유된 세계관이다. 새로운 패러다임이 등장하면 기존의 것을 대체한다.

- **예** : 다윈의 진화론, 케인즈 경제학 등
- **적용 예** : 빈곤을 개인 도덕결핍으로 보던 관점에서 구조적·제도적 요인으로 보는 관점으로의 전환. 이는 문제 규정, 정책도구, 평가척도를 근본적으로 바꾼다.

5) 해석주의(Interpretivism)

막스 베버(Max Weber)의 전통에 서서, 행위자의 주관적 의미와 의도를 이해하는 데 초점을 둔다. 해석학·민속지학·현상학·상징적 상호작용론·구성주의 등이 이에 속한다(이종환, 2011).

- **핵심** : '사실'은 의미 해석의 산물이며, 맥락·경험에 뿌리내린다.
  사회복지 적용 예 : 클라이언트의 생활세계(lifeworld)를 심층면접·참여관찰로 파악하여 획일적 평가지표로 포착되지 않는 경험적 의미를 드러낸다.
- **보완 관점** : 해석주의는 의미 파악에 강점이 있으나 일반화·예측에는 한계가 있다. 따라서 혼합방법으로 실증적 검증과 상호 보완하는 것이 바람직하다.

5. 과학으로서의 사회과학

1) 사회과학의 의의

사회과학이란 인간의 모든 행위를 연구대상으로 하여 사회현상이나 인간의 사회적 행위를 분석하고 종합하여 일반적인 법칙을 찾아내려는 인간의 지적활동에 의한 지식체계이다. 일반적으로 과학이라 하면 자연과학을 먼저 생각하게 되지만, 사회과학도 자연과학과 마찬가지로 과학적 방법으로 어떤 현상의 원리와 법칙을 찾아낸다. 다만, 그 연구대상이 자연과학은 자연현상에서, 사회과학은 사회현상에서 과학적 방법을 적용하여 탐구함으로써 지식을 도출해 낸다. 사회과학은 자연과학보다 사고의 가능성에 제한이 있고 사회문화적인 특성이나 연구자의 가치관, 세계관에 영향을 받으며 명확한 결론을 내리기가 쉽지 않으나, 사회현상을 실증적 자료수집을 통하여 관련 현상에 대한 관찰과 정보수집을 통해 얻은 실증적인 자료를 분석하여 검증하는 과학적 지식탐구의 한 방법이다. 이를 근거로 사회를 진단하고 예측하고 설명할 수 있다. 또한 이를 통해 사회의 변화에 적절하게 대처할 수도 있다.

2) 사회과학의 한계

사회과학은 자연과학에 비해 연구과정에서 장해요인이 많으며, 연구대상이 되는 인간행위의 속성 때문에 다음과 같은 한계점을 갖는다.

① 연구대상이 복잡하고 가변적이다

사회과학의 연구대상인 인간의 복잡하고 가변적인 행동과 태도에 대한 정확한 예측이 어렵다. 인간의 행동은 연구자의 의도를 뛰어넘을 수 있다. 같은 자활 프로그램에 참여하더라도 개인의 동기, 배경, 외부 환경에 따라 결과가 상이하게 나타날 수 있다.

② 연구방법이 불완전하고 통제조작이 어렵다

인간행태의 본질을 파악할 수 있는 방법들이 불완전하다. 특히 인간은 자신이 실험대상이 되고 있다는 것을 알게 되면 평소와 다른 행동을 보일 수 있기 때문에 자연과학과 같은 엄밀한 통제조작에 의한 연구가 어렵다. 이를 호손 효과(Hawthorne effect)라고 한다. 예를 들어, 복지관에서 특정 프로그램을 실험적으로 진행할 때, 참여자들이 자신이 관찰되고 있다는 사실을 알고 더 적극적으로 참여하거나 변화를 보이는 경우가 이에 해당한다.

③ 객관적 예측이 불확실하다

인간은 예측을 뒤바꿀 수 있는 능력이 존재하기 때문에 객관적 예측이 항상 맞는 것은 아니다. 사회적 현상은 예측 불가능한 변수들이 많아 미래를 정확히 예측하는 것이 매우 어렵다.

④ 인간이 연구대상이므로 과학적 분석이 어렵다

연구대상에 접근하는 방법에 있어 자연과학의 경우 외적으로 나타나는 현상 또는 현상 간의 관계에 중점을 두지만, 사회과학은 외부로 보이는 현상보다 그 사건의 내면적 이해나 주변의 사회문화적인 요인을 고려함으로써 설명이 가능하다. 그러나 연구대상이 도덕적이고 규범적이며, 따라서 이를 과학적으로 분석하고 기술하는 데에는 어려움이 있다.

⑤ 인간을 수단으로 사용할 때 윤리적 문제가 발생할 수 있다

연구대상이 인간이기 때문에 연구과정에서 인간을 목적으로만 사용해야 하지 수단으로 사용할 수 없다. 만일 수단으로 사용할 때에 비인간화와 윤리성의 문제가 발생할 수 있다. 예를 들어, 특정 연구를 위해 취약계층의 개인

정보를 무단으로 수집하거나, 연구 참여를 강요하는 행위는 심각한 윤리적 문제를 초래한다.

⑥ 연구자의 가치가 개입될 여지가 있다

연구를 하는 데 있어서 연구자 자신의 가치관과 그 연구자가 준거하고 있는 학문 세계의 지배적인 가치가 개입될 수 있다.

3) 사회과학의 윤리성

사회과학 연구를 위해서는 인간을 대상으로 한 조사를 수행해야 하는데, 이 과정에서 윤리적 문제가 발생하기 쉽다. 특히 보다 과학성을 높이기 위해서 실험조사와 같은 방법을 사용하고자 할 때 통제・조작을 많이 하기 때문에 윤리적 문제가 발생할 가능성이 더 높다. 사회과학을 할 때 윤리적 문제가 발생될 수 있는 부분은 다음과 같다(채구묵, 2005 : 50-55).

① 연구내용 및 주제

연구내용이 사회적 윤리에 어긋나지 않아야 한다는 것이다. 즉, 연구내용이 인간에게 해를 주는 것을 목적으로 해서는 안 된다. 예를 들어, 특정 집단에 대한 편견을 조장하거나 차별을 정당화하는 연구는 윤리적으로 용납될 수 없다.

② 연구대상 및 과정

연구대상인 인간을 수단으로 사용해서는 안 되며, 연구대상에게 신체적・정신적・심리적・물질적・법적 피해를 주는 연구는 피해야 하고, 원칙적으로 연구대상자에게 연구의 목적과 참여의 결과 등을 알리고 자발적인 동의(informed consent)를 얻어서 연구를 진행해야 한다. 특히 미성년자, 지적장애인 등 취약계층의 경우 동의 과정에 더욱 신중을 기해야 한다. 연구 참여 도중 언제든 참여를 철회할 수 있는 권리도 보장되어야 한다.

③ 연구결과

연구결과를 발표할 때 조사대상자의 익명성을 보장하고, 자료원에 대한 비밀보장을 지켜야 한다. 이는 개인정보 유출로 인해 참여자가 사회적·심리적 피해를 입는 것을 방지하기 위함이다. 또한 타인의 연구결과에 대한 사용권한(표절문제) 등을 지켜야 한다. 연구결과를 왜곡하거나 조작하는 행위는 과학적 윤리를 심각하게 훼손하는 것이므로 절대 금지된다.

CHAPTER 02

사회조사방법의 기본 개념

1. 개 념
2. 변 수
3. 가 설
4. 조작적 정의
5. 이 론

CHAPTER 02

사회조사방법의 기본 개념

1. 개 념

개념(concept)이란 경험적으로 알 수 있는 어떤 대상이나 현상을 대표하는 것으로 그것들이 갖는 특징들을 일반화시켜 추상적으로 표현한 것이다. 개념은 용어(term), 단어(word) 또는 상징(symbol)으로 표현되며, 대상이나 현상들에서 공통성을 말한다. 예를 들어, '가난'이라는 용어는 하나의 개념이다. 돈이 없어 식품을 사지 못해 끼니를 거르는 현상, 추운 겨울인데도 옷을 살 여유가 없어 해어진 옷을 입고 추위에 방치되어 있는 현상, 배우고 싶어도 학비가 없어 학교에 가지 못하는 현상, 아파도 진료비가 없어 치료를 받지 못하고 병들어가는 현상 등을 상징적으로 표현하는 것이 '가난'이라는 개념이다. 우리가 지칭하는 사물이나 현상들은 대부분 개념이 된다. 즉, 사람, 동물, 어린이, 어른, 부모, 가족, 학교, 운동, 자동차, 도박, 이혼, 폭력, 건강, 행복, 만족도 등 모두가 하나의 개념이다.

사회조사에서 개념은 이론을 구성하는 필수적인 존재이다. 예를 들어, 노년의 우울과 관련된 이론에서는 먼저 노년과 우울이라는 개념이 필요하고, 이 외에 역할, 건강, 빈곤, 질병, 가족, 소외, 독거노인 등 다양한 개념들이 나열될 것이다.

2. 변 수

변수(variable)는 통계분석의 기본 단위로서 사람, 물건, 사건 등의 특성 또는 속성을 의미한다. 그러나 이러한 것들의 특성 또는 속성이 두 가지 이상의 값(value, 가치)을 가질 때 우리는 이것을 변수라 한다. 예를 들어, 여자는 변수가 될 수 없다. 그러나 성별은 변수가 될 수 있다. 왜냐하면 성별은 남자와 여자라는 속성, 즉 값을 가지기 때문이다. 이와 마찬가지로 빨강은 변수가 될 수 없지만 색상이라는 변수의 값은 될 수 있다.

변수는 조사방법에서 매우 중요한 개념이다. 변수의 속성과 어떤 등급의 변수로 분류되느냐에 따라 어떤 수학적 연산이 가능한지, 어떤 통계기법을 사용할 수 있는지 결정되기 때문이다. 또한 기능에 따른 변수의 역할을 알아야 조사과정에서 올바른 가설 구성과 이론 설명이 가능하다. 변수는 속성에 따라 혹은 그 기능에 따라 다음과 같이 분류된다.

1) 변수의 속성에 따른 분류

변수는 이론과 가설의 기본 단위가 되며, 그 속성, 즉 측정 수준에 따라 명목변수, 서열변수, 등간변수, 비율변수로 분류할 수 있다.

(1) 명목변수

명목변수(nominalvariable)란 변수의 속성을 질적인 특성에 의해 서로 다른 몇 개의 카테고리로 나눌 수 있을 뿐 그 카테고리를 서열이나 수치로 나타낼 수 없는 변수를 말한다. 예를 들어, 성별, 직업, 종교 등은 명목변수이다. 설문조사를 할 때 각 카테고리에 수치(번호)를 나타내는데, 이것은 서열이나 양적인 의미를 나타내는 것이 아니고 단순히 각 카테고리의 이름, 즉 카테고리를 표시하기 위한 하나의 기호일 뿐이다. 예를 들어, 성별을 ① 남자, ② 여자라는 카테고리로 나눌 때, 앞에 붙인 숫자는 서열을 의미하지 않으며, 이것은 하나의 기호일 뿐이다. 종교를 구분할 때 ① 가톨릭, ② 불교, ③ 개신교, ④ 원불교, ⑤ 유교 등으로 나타낼 때도 숫자는 같은 의미이다.

명목변수는 다음과 같은 수학적·통계학적 연산에 사용할 수 있다.

수학 : =
통계학 : 최빈수(mode), 람다(lamda)

(2) 서열변수

서열변수(ordinalvariable)란 변수의 속성을 상호 배타적인 몇 개의 변수 값으로 나눌 수 있고, 그 변수 값 간 서열을 측정할 수 있는 변수를 말한다. 서열변수는 변수 값 간의 서열은 줄 수 있으나 변수 값 간의 차이는 측정할 수 없다. 예를 들어, "구내식당 서비스에 대한 만족도는? ① 매우 만족, ② 만족, ③ 보통, ④ 불만족, ⑤ 매우 불만족"이라는 설문에서 만족의 강도가 ①에서 ⑤로 갈수록 점점 떨어짐을 알 수 있다. 즉, 응답 카테고리의 강도가 서열화되어 있다. 그러나 ①이 ②보다 얼마나 더 만족하는지 그 강도의 양은 알 수 없다. 다만, 서열상 ①은 ②보다 강도가 높다는 것이다. 그리고 ①과 ②의 강도 차이가 ③과 ④의 강도 차이와 같다고 할 수 없다. 서열변수의 예는 장애 정도(장애 1급, 2급, 3급 등), 옷의 크기(XL, L, M, S), 선호도(좋아함, 보통, 좋아하지 않음) 등이다.

서열변수는 다음과 같은 수학적·통계학적 연산에 사용할 수 있다.

수학 : =, 〈 〉
통계학 : 중위수(median), 감마(gamma)

(3) 등간변수

등간변수(intervalvariable)란 변수 값 간의 순서(서열)뿐 아니라 변수 값 간의 간격이 일정한, 즉 등간격인 변수를 말한다. 예를 들어, 온도나 지능을 측정할 경우 섭씨(°C)나 지능지수(IQ 점수)가 사용되는데, 이 경우 30°C와 35°C의 간격은 40°C와 45°C의 간격과 같고, IQ 100과 IQ 110의 간격은 IQ 110과 IQ 120과의 간격과 같다고 할 수 있다.

등간변수는 다음과 같은 수학적·통계학적 연산에 사용할 수 있다.

수학 : =, 〈 〉, + −
통계학 : 산술평균(arithmetic mean), 피어슨 r(Pearson's r) 등 대부분 통계

(4) 비율변수

비율변수(ratiovariable)는 변수 값 간의 간격이 등간격일 뿐 아니라 변수 값 간에 몇 배나 크고 혹은 작은가를 측정할 수 있는 변수를 말한다. 비율변수는 등간변수의 특성을 다 가지고 있는 동시에 절대영점(true zero)을 가지고 있으며, 변수 값들을 곱하고 나누는 것이 가능하다. 예를 들어, 온도계의 각 온도 간 차이는 일정하여 등간격을 이루지만 60°C가 30°C보다 두 배 더 덥다고 말할 수는 없다. 또 IQ 130인 사람은 IQ 100인 사람보다 1.3배 더 영리하다고 할 수 없다. 따라서 온도나 지능지수는 비율변수라 할 수 없다. 그러나 월 수익 400만 원은 월 수익 200만 원보다 두 배 수익을 남겼다고 할 수 있다. 따라서 월 수익은 비율변수가 될 수 있다.

등간변수와 비율변수의 구별은 영점의 특성에 의해 할 수 있는데, 등간변수의 영점은 임의의 영점이지만 비율변수의 영점은 진정한 영점이다. 섭씨 0도란 온도가 없는 상태를 의미하지 않는다. 섭씨 0도는 물이 얼음으로 변하는 온도이다. 그러나 수익이 0원이라는 의미는 수익이 전혀 없다는 것을

의미한다. 등간변수와 비율변수는 엄격하게 구별하여 사용하지 않는 경우가 많다.

비율변수는 다음과 같은 수학적 · 통계학적 연산에 사용할 수 있다.

> 수학 : =, 〈 〉, + −, × ÷
> 통계학 : 모든 통계

이상 네 가지 변수에서 측정 수준이 상위인 변수는 하위인 변수가 가지고 있는 모든 특성을 다 가지고 있을 뿐 아니라 그 변수 고유의 특성을 더 가지고 있음을 알 수 있다. 또한 변수들은 크게 연속변수와 이산변수(비연속적 변수) 두 가지로 분류할 수 있다. 연속변수는 변수가 연속적인 값을 가지고 있고 그 값 간에 의미가 있는 변수로서 등간변수와 비율변수가 여기에 속한다. 이산변수는 변수의 각 값 간 사이가 있으나 그 사이의 값은 아무 의미가 없는 변수로서 명목변수와 서열변수가 여기에 해당된다. 그러나 때때로 서열변수는 연속변수로 사용되기도 한다.

2) 변수의 기능에 따른 분류

이론이나 가설을 통해 현상을 설명하는 과정에서 변수가 어떤 기능을 하고 있으냐에 따라 독립변수, 종속변수, 매개변수, 통제변수 등으로 분류한다.

(1) 독립변수

독립변수는 다른 변수의 원인이 되는 변수로서 원인적 변수라고도 한다. 예를 들어, 운동과 건강의 관계를 연구하고자 할 때 운동은 독립변수가 된다. 운동 여부가 건강에 영향을 미치는 원인이 되기 때문이다. 따라서 운동과 건강이라는 두 변수 중에서 독립변수는 운동이 된다.

(2) 종속변수

종속변수는 독립변수의 영향으로 인해 어떤 결과를 나타내는 변수로서 결과적 변수라고도 한다. 앞의 예에서 운동과 건강의 관계를 연구할 때 운동이 건강에 영향을 미치는 독립변수라면, 건강은 운동을 하느냐 하지 않느냐에 종속되어 있으므로 종속변수라 할 수 있다. 즉, 건강은 운동의 결과로 얻어지는 것으로 건강은 운동에 종속되어 있다고 볼 수 있다.

- **독립변수 → 종속변수의 예**

  운동 → 건강

  흡연 → 폐암발병률

  학업의지, 지능지수 → 학업성적

  급여, 직원복지, 근무환경, 근무시간, 근무기간, 동료와의 관계 → 직무만족도

(3) 매개변수

매개변수란 독립변수의 영향을 받아 종속변수에 영향을 주는 변수이다. 즉, 두 변수 간의 중간에 놓여서 징검다리와 같이 두 변수를 연결해 주는 매개역할을 하는 변수를 매개변수라 한다. 예를 들어, 부모의 교육열이 자녀에게 학습의욕을 불러일으키고, 학습의욕이 자녀의 학업성적에 영향을 미친다고 가정한다면, 부모의 교육열은 자녀의 학습의욕에 영향을 주는 독립변수가 되고, 자녀의 학습의욕은 자녀의 학업성적에 영향을 주는 매개변수가 되며, 자녀의 학업성적은 자녀의 학습의욕에 영향을 받는 종속변수라 할 수 있다.

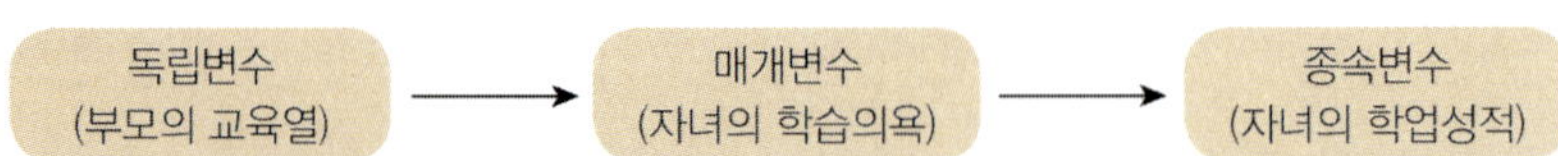

| 그림 2-1 | 독립변수, 매개변수, 종속변수의 관계(부모의 교육열과 자녀의 학업성적의 관계)

(4) 외생변수

독립변수 외의 변수가 종속변수에 영향을 미치게 함으로써 독립변수와 종속변수 간의 인과관계를 정확하게 파악하지 못하게 하는 제3의 변수를 외생변수라 한다. 예를 들어, 음악치료(독립변수)와 정신분열증환자의 정서적 안정감(종속변수)의 관계를 알기 위해서 3개월간 음악치료를 하였더니, 음악치료가 환자의 정서적 안정감에 도움이 되었다는 결론을 얻었다. 그러나 환자가 그 기간 동안 특정 약물을 복용하고 있었다면 실제로 음악치료의 영향인지, 약물의 영향인지를 알 수 없다. 이때 종속변수, 즉 환자의 정서적 안정감에 독립변수인 음악치료가 영향을 주었는지 아닌지를 알기 위해서는 부득이 약물복용을 중단해야 할 것이다. 이 경우 약물복용은 독립변수인 음악치료 외 종속변수인 정서적 안정감에 영향을 미칠 소지가 있는 변수이므로 외생변수가 된다.

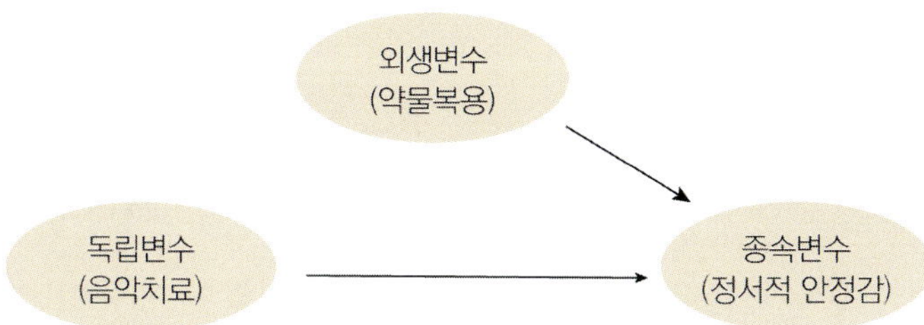

| 그림 2-2 | 외생변수의 예

(5) 억압변수

독립변수와 종속변수 간에 실제 인과관계가 있지만 관련이 없는 것처럼 보이게 하는 제3의 변수를 억압변수 또는 왜곡변수라 한다. 억압변수는 독립변수와 종속변수 중 하나의 변수에게는 긍정적으로 상관되어 있고, 다른 하나의 변수와는 부정적으로 상관되어 있어서 두 변수 간의 관계를 누르고 있다. 여기서 두 변수, 즉 독립변수와 종속변수의 참된 관계는 억압변수를 통제할 때 나타난다. 예를 들어, 교육수준과 소득의 관계에 있어 교육수준이 높을수록 소득도 높을 것이라는 가정을 하고 실제 조사를 하면 인과관계가 없는 것처럼 보일 수 있다. 왜냐하면 연령이라는 변수가 교육수준과 소득에 긍정적 혹은 부정적으로 상관되어 두 변수 간의 관계를 억누르고 있기 때문이다. 이때 연령이라는 억압변수를 통제(같은 연령대에서 조사)하면 두 변수 간의 참된 관계를 알 수 있다.

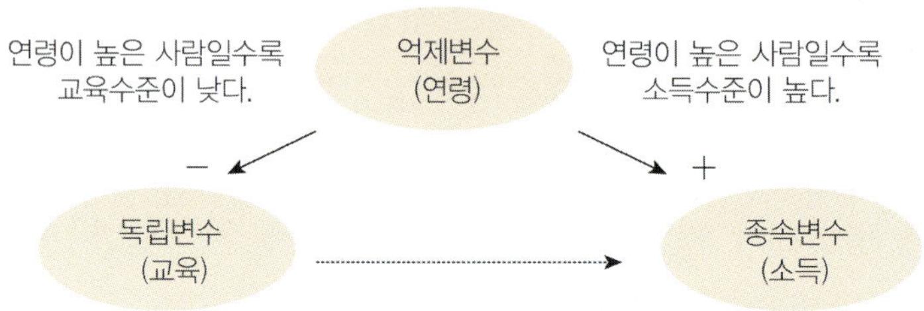

그림 2-3 **억압변수의 예**

(6) 통제변수

두 변수 간의 관계를 좀 더 정확하게 파악하기 위해서 두 변수 간의 관계에 영향을 미칠 수 있는 제3의 변수를 통제할 경우, 이 제3의 변수를 통제변수라 한다. 앞에서 언급한 매개변수, 외생변수, 억압변수 등이 설계에서 통제될 때 이 제3의 변수들을 통제변수라 한다.

3. 가 설

가설(hypothesis)이란 어떤 사실의 원인을 설명하거나 어떤 이론체계를 연역하기 위해서 가정적으로 설정한 것이다. 즉, 검증되지 않은 2개 이상의 변수 간의 관계를 검증 가능한 형태로 서술해 놓은 진술 또는 문장이다. 많은 경우에 연구주제로 선정된 문제가 너무 일반적이고 추상적이어서 구체화할 필요가 있는데, 이러한 구체화는 가설을 통해서 이루어진다. 다시 말해, 가설은 연구주제를 조사 가능하게 구체적으로 세분한 것으로서 실증적으로 확인해야 할 사실이지만 아직 진실 여부가 확인되지 않은 사실이다. 예를 들어, 가정환경과 청소년 비행의 관계를 연구한다고 할 때, 연구를 구체적으로 진행하기 위해서는 우선 가설을 먼저 설정하여 연구하고자 하는 내용을 명확히 할 필요가 있다. 즉, 다음과 같은 식으로 가설을 세워서 연구를 시작하면 연구주제는 더 명확해질 것이다.

가설 1 : 가정의 소득수준이 낮을수록 청소년 비행률이 높을 것이다.
가설 2 : 부모의 직업이 일정하지 않을수록 청소년 비행률이 높을 것이다.
가설 3 : 한부모가정일수록 청소년 비행률이 높을 것이다.

1) 가설의 구조

가설은 검증되지 않은 두 변수 간의 관계를 검증 가능한 형태로 서술해 놓은 문장이라 했는데, 일반적으로 가설의 문장구조는 조건문의 형태로 "만일 ~하다면, ~할 것이다"의 형태를 가진다. 영어로 표현하면 "If A, then B"가 될 것이다. 여기서 A를 선행조건이라고 하고 B를 결과조건이라고 하며, 일반적으로 A가 진실이면, B도 진실이라는 관계로 가설이 구성된다(채서일, 2005 : 103).

2) 가설 구성의 과정

가설 구성은 연구의 성패를 좌우할 만큼 중요하다. 왜냐하면 연구를 통해 얻을 수 있는 결과는 결국 가설을 어떻게 적절히 구성하느냐에 달려 있기 때문이다. 가설 구성은 대체로 다음과 같은 과정을 겪으면서 이루어진다(채구묵, 2005 : 64).

첫째, 연구주제와 관련된 이론, 연구논문을 읽는다. 대부분 가설은 이론이나 다른 사람의 논문을 읽는 과정을 통해 얻게 된다. 그러나 무작정 많은 논문을 읽는 것보다 자신이 수행할 연구주제와 관련된 문헌색인을 먼저 작성하여 읽는 것이 좋다.

둘째, 관련 논문을 통해 그 논문과 비슷한 관점이나 또는 다른 관점에서 연구주제를 분석해 본다. 독창적인 가설을 찾아내는 능력은 논문을 다양한 관점에서 분석하는 훈련을 통해 형성된다.

셋째, 연구주제와 관련된 현실을 관찰·분석한다. 많은 경우 현실을 관찰하고 분석하는 과정에서 연구주제에 관한 좋은 아이디어를 얻을 수 있다.

결국 좋은 가설을 구성하기 위해서는 관련 분야에 대한 이론 및 논문의 탐독, 연구주제와 관련된 현실분석, 개인의 독창적 노력이 필요하다.

3) 가설 구성 시 고려사항

좋은 가설을 구성하기 위해서는 다음과 같은 사항을 고려할 필요가 있다(채서일, 2005 : 104-105).

① 가설은 경험적으로 검증할 수 있어야 한다. 즉, 실증조사를 통하여 가설의 옳고 그름을 판단할 수 있어야 한다.

② 가설은 연구분야의 다른 가설이나 이론과 연관이 있어야 한다. 예를 들어, "재소자의 힘이 세면 재범확률이 높다"와 같은 가설은 기존 연구가 설과는 전혀 상관없는 내용이므로 부적절하다.

③ 가설의 표현은 간단명료하여야 한다. 누구나 쉽게 이해할 수 있도록 필요한 용어들만 사용하여야 한다. 즉, 가설을 구성하는 문장에 수식어구가 들어가는 것은 좋지 않으며, 독립변수와 종속변수의 관계만을 간

단히 기술하는 것이 좋다. 예를 들어, "대부분 부모가 가슴을 앓으며 힘들어하는 자폐증 아동에게 운동요법을 적용한다면, 아동의 자립심 고취에 대단한 도움이 될 것이다"라고 기술하기보다는 "자폐증 아동에게 운동요법을 적용한다면, 아동의 자립심 고취에 도움이 될 것이다"로 기술하는 것이 좋다.

④ 연구문제를 해결할 수 있어야 한다. 가설의 옳고 그름을 판정하는 것이 곧 연구문제를 해결하는 것으로, 예를 들어 "상품인지도가 매출액에 영향을 준다"는 가설이 참으로 밝혀지면 연구문제는 해결이 되며, 그 다음에는 상품인지도를 높이기 위한 전략의 개발이나 다른 연구가 시작되는 것이다.

⑤ 가설은 논리적으로 간결하여야 한다. 가설은 표현뿐만 아니라 실질적으로 간결한 논리로 이루어져야 한다. 가설은 1개의 독립변수와 1개의 종속변수 간의 관계로 기술하는 것이 좋다. 예를 들어, "경제적으로 부유하고 건강한 노인은 그렇지 못한 노인보다 삶에 대한 만족도가 높을 것이다"라고 가설을 세우면 가설에 독립변수가 2개 포함되어 있어서 좋지 않다. 이런 경우에는 "경제적으로 부유한 노인은 그렇지 못한 노인보다 삶에 대한 만족도가 높을 것이다"와 "건강한 노인은 그렇지 못한 노인보다 삶의 만족도가 높을 것이다"로 가설을 2개로 나누는 것이 좋다.

⑥ 가설은 계량화할 수 있어야 한다. 사회과학에서는 계량적인 형태의 가설은 그리 많지 않으나 가설을 검증하기 위해서는 계량화해야 한다. 계량화라는 것은 수식이나 숫자로 모두 바꿀 수 있어야 한다는 의미보다는 통계적인 분석을 할 수 있어야 한다는 것이다.

⑦ 가설검증결과는 가능한 한 광범위하게 적용할 수 있어야 한다. 가설이 적용되는 범위가 매우 작은 영역에 국한되어 있으면 연구결과는 지식의 발전에 공헌하는 정도가 작아진다. 예를 들어, "술을 월 3회 마시는

사람은 월 2회 마시는 사람보다 간경화에 걸릴 가능성이 높을 것이다"라고 가설을 세우는 것보다 "술을 많이 마시는 사람은 간경화에 걸릴 가능성이 높을 것이다"로 가설을 세우는 것이 좋다.

⑧ 너무나 당연한 관계를 가설로 세울 수 없다. 즉, 경험적 검증이 필요가 없는 것은 가설로 적합하지 않다. 예를 들어, "남학생들의 평균 몸무게는 여학생들의 평균 몸무게보다 높을 것이다"와 같은 가설은 너무나 당연한 사실이므로 가설로 의미가 없다고 볼 수 있다.

⑨ 가설은 동의반복적이어서는 안 된다. 가설은 서로 다른 두 개념이나 변수의 관계를 표시하여야 한다.

4) 가설의 종류

(1) 영가설

영가설(null hypothesis)은 2개 이상의 모집단 또는 변수 간에 차이가 없다. 또는 독립변수가 종속변수에 영향을 미치지 않는다고 가정하는 것을 의미한다. 영가설은 차이가 없는 것으로 돌아온다는 의미로 '귀무가설(歸無假說)'이라고도 표현된다. 예를 들어, "남녀 간에 행복도는 차이가 없다" 또는 "성별이 행복도에 영향을 미치지 않는다"고 가정하는 경우 이를 영가설이라 한다. 남녀 모두 모집단으로부터 표본을 추출하여 행복도 조사를 한 경우 남녀 간에 일정한 차이가 있을 수 있지만, 이러한 차이는 모집단에 차이가 있기 때문이 아니라 표본추출에서 오는 차이라 볼 수 있다.

가설검증의 경우 영가설이 많이 활용된다. 연구자는 조사를 시작할 때에는 두 집단 간에 차이가 있을지 없을지 모르는 상태이다. 그래서 일단 두 집단 간에 차이가 없다고 가정을 한 후, 통계처리결과에서 영가설을 채택하거나 기각하게 된다. 영가설을 채택하면 연구가설을 기각하는 것이고, 영가설을 기각하면 연구가설을 채택하는 것이 된다.

(2) 연구가설

연구가설(research hypothesis)은 실험가설이라고도 하는데, 영가설과 반대로 가설을 설정하는 것을 말한다. 즉, 2개 이상의 모집단 또는 변수 간에 차이가 있다. 또는 독립변수가 종속변수에 영향을 미친다고 가정하는 것을 의미한다. 앞의 예에서 "남녀 간에 행복도는 차이가 있다" 또는 "성별이 행복도에 영향을 미친다"고 가정하는 경우 이를 연구가설이라 한다. 연구가설은 연구자가 두 집단 간에 차이가 있을 것이라는 확신을 많이 가질 때 주로 사용된다.

사회복지조사에서는 주로 연구가설을 많이 사용한다.

4. 조작적 정의

조작적 정의(operational definition)란 연구주제에 관한 변수들이 너무 추상적이어서 직접 조사하기 어려운 경우 경험적으로 측정(조사) 가능한 대체 개념 또는 지수로 정립하는 것으로, 이렇게 하는 것을 조작화(operationalization)라고 한다. 개념적 정의는 연구대상이 되는 사람이나 사물의 속성, 사회적 현상 등의 변수를 개념적으로 정의하는 것이어서 사전적이고 추상적 · 일반적 · 주관적일 수 있기 때문에 대부분 직접 조사하기 어렵다. 따라서 조사연구를 하기 위해서는 이러한 개념들을 실증적 · 경험적으로 측정 가능하도록 구체화할 필요가 있는데, 많은 경우 연구주제나 가설에 포함된 변수들이 직접 측정하기 어려운 추상적 개념이기 때문에 이를 잘 대변할 몇 개의 측정 가능한 대체 개념을 만들어내야 한다.

예를 들어, 가정환경과 청소년 비행의 관계를 연구한다고 할 때, "부모의 관심이 큰 가정일수록 청소년 비행률이 낮을 것이다"라는 하나의 가설을 설정할 수 있다. 이 경우 독립변수인 부모의 관심은 직접 조사하기 어려운 추상적인 개념이라 할 수 있다. 부모의 관심에 대한 기준 또는 크기를 사람마다 다르게 생각할 수 있기 때문이다. 이를 조사하기 위해서는 부모의 관심을 잘 대변하면서도 측정 가능한 대체 개념을 정립해야 한다. 부모의 관심을 측정하기 위해서 ① 자녀와의 대화, ② 자녀와 함께하는 시간, ③ 부모가 알고 있는 자녀의 친구 수, ④ 자녀의 학교 방문횟수 등을 생각할 수 있다. 또한 종속변수인 청소년 비행도 마찬가지로 ① 술 마시기, 담배 피우기, 비디오방 출입, 이성과의 성관계 등 지위비행, ② 본드 흡입, 환각약품 이용, 가출, 무단결석 등 도피비행, ③ 때리기, 협박하기, 돈 뺏기, 오토바이 폭주 등 폭력비행, ④ 돈 훔치기, 가게에서 물건 훔치기 등 재산비행 등으로 분류해서 대체 개념을 정립할 수 있다(채구묵, 2005 : 68).

그러나 원래의 개념을 100% 완벽하게 대변할 수 있는 대체 개념이란 있을 수 없다. 부모의 관심을 위의 예에서와 같이 ① 자녀와의 대화, ② 자녀와 함께하는 시간, ③ 부모가 알고 있는 자녀의 친구 수, ④ 자녀의 학교 방문횟수 등으로 100% 측정할 수 있을까? 또 자녀와의 대화가 많은 부모일수록 자녀에 대한 관심이 더 많다고 말할 수 있을까? 꼭 그렇지 않을 수도 있다. 바로 이러한 점이 조작화의 문제이며 사회과학에 대한 과학적 연구의 어려움이라 할 수 있다. 조작적 정의가 이러한 한계점을 가졌음에도 불구하고 연구를 수행하기 위해서는 어떻게든 직접 측정할 수 있도록 다른 대체 개념을 만들어낼 수밖에 없다.

좋은 조작적 정의가 되기 위해서는 신뢰도와 타당도가 높아야 된다. 신뢰도가 높은 것은 복제가 가능하고, 측정값이 일관성 있다는 것이다. 다시 말하면, 정의가 명확하게 서술되어 있어서 다른 조사연구들에서도 조작적 정의를 복제해서 쓸 수 있어야 한다. 신뢰도가 있다는 것은 동일한 조작적 정의를 써서 측정을 하는 사람들은 동일한 값을 산출해 낼 수 있어야 하는 것이다. 타당도가 높다는 것은 원래 의도했던 개념을 적절히 나타내었다는 것을 의미하는데, 타당하지 않은 조작적 정의는 아무리 신뢰도가 높아도 의미가 없다(황창순 외, 2010 : 43).

5. 이 론

1) 이론의 정의

가설이 조사결과와 비교하여 경험적인 검증을 통해 사실과 부합되는 것으로 밝혀지면 이론(theory)이 된다. 이론에 대한 정의는 학자에 따라 약간씩 다르게 규정하고 있는데, 다음은 그 대표되는 정의들이다.

머튼(Merton)은 "이론은 경험적 검증이 가능하고 통일성을 지닌, 논리적으로 상호 연결된 일련의 관계"라고 정의하고 있으며, 벤슨(Benson)은 "이론이란 실증적 자료를 통해 얻은 변수 간의 관계에 대한 검증된 진술"이라고 정의하고 있고, 커링거(Kerlinger)는 "이론은 현상에 대한 설명과 예측을 목적으로 변수 간의 관계를 밝힘으로써 그 현상에 대한 체계적인 견해를 제공하는 일련의 정의"라고 정의하고 있다. 또한 러더너(Rudner)는 "이론은 경험적으로 검증 가능하고 어느 정도의 법칙적인 일반성을 포함하는, 체계적으로 연관성을 가진 일련의 진술"이라고 정의하고 있다(김해동, 1998 : 63 재인용). 채구묵은 이들 정의를 종합하여 "이론이란 사물이나 현상을 일정한 원리와 법칙에 따라 설명하는 경험적 검증이 가능한 진술"이라고 정의하였다(채구묵, 2005 : 70).

2) 이론의 기능

이론은 과학적인 조사연구를 하는 데 여러 가지 중요한 기능을 한다. 이론의 기능을 정리하면 다음과 같다(채구묵, 2010 : 70-71).

첫째, 이론은 연구주제를 선정하는 데 아이디어를 제공해 준다. 어떤 분야를 연구하고자 할 때, 우리는 어떤 주제를 어떤 방향으로 연구해야 할 것인지 막연할 때가 많다. 이론은 이러한 문제를 해결하는 데 지침을 제공해 준다. 즉, 이론은 사실 간의 원리 및 법칙을 알게 해줌으로써 연구의 범위를 정해 주고 연구방향을 제시해 준다. 예를 들어, 서더랜드(Sutherland)는 차별교제이론(differential association theory)을 통해 사람들의 1차적 접촉자인 원초집단의 성원들이 범죄를 많이 저지르는 자일 때 범죄자가 될 가능성이 높다고 설명하고 있다. 연구자는 이 이론을 좀 더 확대하여 인터넷 게임과 청소년 폭력의 관계, 즉 폭력적인 인터넷 게임의 노출과 청소년 폭력의 관계를 연구주제로 선정할 수 있다.

둘째, 이론은 가설을 설정하는 데 도움을 제공한다. 많은 경우 선정된 주제들이 너무 일반적이고 추상적이어서 어떤 내용을 조사해야 할지 어려운 경우가 많다. 이런 경우 주제를 조사 가능한 구체적인 가설로 세분할 필요가 있는데, 이때 이론은 변수 간의 관계를 파악하도록 함으로써 이러한 가설설정에 좋은 아이디어를 제공해 준다.

셋째, 이론은 새로운 이론을 개발하는 데 도움을 제공해 준다. 이론은 사물이나 현상 간의 관계를 다른 관점에서 보도록 함으로써 새로운 이론 도출에 도움을 준다.

넷째, 이론은 조사결과에 의해 수정되거나 확증되며 더 넓은 범위로 확대·발전될 수 있다.

이와 같이 이론은 연구의 범위, 방향, 변수 간의 관련성, 자료수집방법, 분석방법 등 연구 전반에 걸친 기본적인 지침을 제공해 주고, 연구자가 어떤 현상을 전체적으로 균형 있게 파악할 수 있도록 해주며, 또한 이러한 현상을 다양한 관점에서 접근하도록 하여 새로운 이론을 개발하는 데에 도움을 준다. 그리고 이론은 검증되고 수정되며, 이를 통해 과학이 발전하는 데에 기여한다.

CHAPTER 03

사회조사의 형태와 절차

03 CHAPTER

사회조사의 형태와 절차

1. 사회조사의 형태

사회조사는 연구의 목적, 조사 용도, 시간적 차원, 자료수집방법 등의 차원에 따라 몇 가지 형태로 분류된다. 이러한 분류는 연구자가 어떤 질문에 답하려 하는지, 그리고 어떤 종류의 지식을 생산하고자 하는지에 따라 결정된다.

1) 연구목적에 따른 분류

연구자가 조사를 하는 이유는 여러 가지가 있는데, 이를 크게 분류하면 ① 새로운 주제를 탐구하기 위한 것, ② 사회현상을 기술하기 위한 것, ③ 어떤 현상의 원인을 설명하기 위한 것으로 분류할 수 있다. 연구자의 연구이유, 즉 연구자가 조사를 통해 얻으려고 하는 목적에 따라 사회조사의 형태를 탐색적 조사, 기술적 조사, 설명적 조사로 나눌 수 있다.

(1) 탐색적 조사

탐색적 조사(exploratory research)는 연구자가 새로운 관심사에 대해 연구하고자 할 때, 또는 연구주제가 비교적 알려지지 않은 새로운 것인 경우, 앞으로 진행할 조사에 앞서 실시하는 조사를 말한다. 연구주제에 대한 자료가 별로 없는 경우, 탐색적 조사를 실시하는 이유는 좀 더 체계적으로 정확하게 조사를 설계하고 실시하기 위해 본조사의 실시에 앞서 필요한 정보를 얻는 데 있다. 즉, ① 개념 규정, 가설 구성 등을 명확히 하기 위해서, ② 조사를 보다 철저히 수행하기 위해 어떤 조사를 실시해야 하는가를 파악하기 위해서, ③ 연구분야에서 중요하다고 인정되는 문제에 대한 실태파악을 위해서 탐색적 조사를 한다.

탐색적 조사는 엄격한 과학적 방법론을 적용하기보다는 유연하고 개방적인 접근을 통해 연구 방향을 설정하는 데 중점을 둔다. 이를 통해 연구자는 예상치 못한 새로운 변수나 현상 간의 관계를 발견할 수도 있다.

본조사에 앞서 본조사의 질문지에 포함될 내용을 파악하기 위해 실시하는 예비조사(pilot study)도 탐색적 조사의 한 형태이며, 탐색적 조사에는 문헌조사, 경험자 조사, 특례조사 등이 있다.

① 문헌조사

조사대상이나 조사분야에 대한 지식이 부족한 경우에 행하는 최초의 조사로서 관련 분야의 문헌을 조사한다. 문헌조사는 문제를 규명하고 가설을 정립하기 위한 가장 경제적이고 빠른 방법이다.

예시

최근 급증하고 있는 1인가구의 사회적 고립 문제에 대해 연구를 시작하기 전, 기존에 발표된 국내외 논문, 보고서, 언론 기사 등을 검토하여 관련 개념과 이론, 선행연구의 동향을 파악하는 것

② 경험자 조사

조사분야에 대한 경험이나 전문지식을 가지고 있는 사람으로부터 정보를

획득하는 방법이다. 경험자 조사는 전문가의 의견을 들음으로써 연구 초보자에게는 많은 도움이 된다.

예시

학교폭력 예방 프로그램 개발을 위해 현직 교사, 상담사, 청소년 경찰관 등 실제 경험이 풍부한 사람들을 인터뷰하여 문제의 본질과 해결방안에 대한 아이디어를 얻는 것

③ 특례조사

연구문제에 대한 기존의 연구자료가 부족할 경우 사용되는 사례조사의 하나로서 본조사의 상황과 유사한 상황을 찾아내어 분석하는 방법으로 현 상황에 대한 논리적인 유추에 도움을 주는 방법이다. 특례조사가 문제의 규명과 관련 변수들의 관계를 명확하게 하는 데에는 효과적이지만, 사후적인 조사이므로 그 결과는 어디까지나 시사적인 의미만 가진다고 볼 수 있다.

예시

특정 지역의 성공적인 지역공동체 활성화 사례를 심층적으로 분석하여, 다른 지역에서도 적용 가능한 원칙과 전략을 탐색하는 것

(2) 기술적 조사

기술적 조사(descriptive research)는 사회현상에 대한 기술을 목적으로 하거나 사회현상에 대한 정보를 얻기 위해 실시하는 조사를 말한다. 기술적 조사는 어떤 사회현상, 배경, 분포, 관계 등에 대해 자세하게 기술하는 것을 목적으로 하며, 주로 어떤 정책을 결정하는 데 필요한 자료를 얻기 위해 많이 사용한다. 기술적 조사를 통해 발생빈도, 비율, 관련 변수 간의 상관관계를 파악함으로써 개량적으로 미래상황을 예측할 수 있으나, 왜 그러한 현상이 발생하는지에 대한 인과관계(causal relationship)를 파악할 수는 없다. 서베이조사, 인구센서스 등은 기술적 조사의 한 형태이다.

예시

1. 최근 5년간 1인가구의 소득, 연령, 주거 형태 등의 인구사회학적 특성을 파악하고, 그 변화 추이를 분석하여 보고서를 작성하는 것
2. 한 사회복지관에서 실시한 만족도 조사 결과, 프로그램 참여자의 80%가 '매우 만족'한다고 응답했음을 기술하는 것

(3) 설명적 조사

설명적 조사(explanatory research)는 사회현상을 단순히 기술하는 것을 넘어서 왜 그 현상이 발생하는지에 대하여 해답을 제시하려는 경우에 실시되는 조사이다. 즉, 어떤 현상의 원인을 설명하기 위한 조사이다. 또한 설명적 조사는 기술적 조사결과의 축적을 토대로 해서 사실과의 인과관계를 규명하고자 할 때 사용하기 때문에 가설검증조사라고 부르기도 하며, 사실에 대해 미리 예측하는 조사이므로 예측적 조사라고도 한다.

예시

1. 노인의 스마트폰 이용률에 영향을 미치는 요인을 규명하기 위해 연령, 교육수준, 경제력, 사회적 지지망 등 다양한 변수가 이용률에 미치는 영향을 분석하는 것
2. 청소년의 우울증이 가족과의 대화 시간 부족에 의해 발생하는지 여부를 검증하기 위해 가족관계 변수와 우울증 척도 점수 간의 인과관계를 통계적으로 분석하는 것

2) 조사 용도에 의한 분류

조사결과를 어떤 용도로 사용하기 위해 실시되느냐에 따라 순수조사(기초조사)와 응용조사로 분류할 수 있다.

(1) 순수조사(기초조사)

순수조사(basic research)는 어떤 현상에 대한 기본 지식을 탐구하기 위한 조사이다. 따라서 조사결과를 직접적으로 어떤 상황에 이용하고자 하는 것을 목적으로 하는 것이 아니다. 즉, 순수조사는 정책이나 사회문제 해결에 직접적이 아닌 간접적인 도움을 제공한다. 이 조사는 여러 가지 특수한 정책이나 문제에 일반적으로 적용할 수 있는 기본적인 지식이나 원리, 법칙 등을 제공해 줄 수 있다. 예를 들어, 청소년 비행의 원인에 대한 연구조사에서 기능론자들은 사회결속력의 약화(아노미, anomie)가 원인이라는 것을 밝혔다. 그러나 이 조사결과 자체로는 청소년 비행방지를 위한 직접적인 도움을 주지는 못할 수 있다. 그러나 청소년 비행의 발생원인에 대한 새로운 이론을 제시함으로써, 또 기존 이론을 지지하거나 부정함으로써 청소년 비행에 대한 대책을 강구하는 데 간접적으로 도움을 줄 수 있다.

예시

자녀 양육의 스트레스가 부모의 정서적 안정감에 미치는 영향에 대한 이론을 개발하기 위해 특정 변인들(예 사회적 지지, 경제적 수준) 간의 관계를 분석하는 연구

(2) 응용조사

응용조사(applied research)는 특수한 사회문제를 해결하기 위한 정보를 획득하고자 할 때 사용한다. 조사결과를 사회적 현상에 응용함으로써 문제를 해결하거나 개선한다. 따라서 기업체, 정부, 병원, 교육기관, 사회복지기관 등에서 정책 수립을 위해 많이 사용하고 있다. 한편 사회복지시설에서 많이 실시되고 있는 욕구조사도 응용조사의 한 형태라 볼 수 있다. 예를 들어, 청소년 비행을 줄이기 위해서 처벌을 강화하는 것이 효과가 있을까? 가족결속력 약화가 비행의 원인이라면, 가족결속력을 강화하기 위한 방안은 무엇일

까를 조사해서 현실에 직접 적용할 수 있다.

예시

특정 지역의 독거노인을 위한 방문 돌봄 서비스의 효과를 평가하기 위해 서비스 제공 전후 노인들의 삶의 만족도 변화를 측정하는 것

(3) 평가조사

평가조사(evaluation research)는 사회복지정책이나 프로그램의 효과성을 평가하기 위해 실시되는 조사이다. 조사의 목적은 지식의 획득이 아니라 프로그램의 지속, 중단 등의 여부를 평가하는 것이다. 평가조사는 응용조사의 한 종류로, 특히 최근 사회복지분야에서 정부와 시민사회로부터 요구되는 '책임성(accountability)'과 '근거기반 실천(evidence-based practice)'의 확산과 관련하여 그 중요성이 크게 강조되고 있다.

예시

한 복지관에서 운영하는 취업 지원 프로그램이 실제로 참여자들의 취업률을 얼마나 향상시켰는지, 그리고 프로그램의 비용 대비 효과는 어떠했는지를 분석하는 것

3) 시간적 차원에 따른 분류

사회조사는 시간적 차원에 따라 횡단적 조사, 종단적 조사, 유사종단적 조사로 분류할 수 있다.

(1) 횡단적 조사

횡단적 조사(cross-sectional study)는 조사가 어떤 한 시점에서 이루어지는 조사이다. 대부분의 사회조사는 횡단적 조사이며, 이 조사는 비교적 간단하

고 비용도 적게 든다. 반면에 횡단적 조사는 어떤 현상의 진행과정이나 변화를 측정할 수 없다는 단점이 있다. 이 조사의 특징은 어느 한 시점에서 측정하므로 정태적인 성격을 가지며, 주로 표본조사를 행하고, 조사대상의 특성에 따라 여러 집단으로 분류하므로 표본의 크기가 커야 한다.

예시

2025년 5월, 전국 20대 남녀 1,000명을 대상으로 정치 참여 의식에 대한 설문조사를 실시하는 것

(2) 종단적 조사

종단적 조사(longitudinal study)는 어떤 현상에 대한 조사를 여러 시점(적어도 두 번 이상의 시간)에 걸쳐 반복조사하는 것을 말한다. 횡단적 조사와 반대로 복잡하고 비용이 많이 들지만 사회현상의 진행과정이나 변화 등을 연구하는 데 많이 사용된다. 특히 사회현상의 인과관계를 규명하는 데 유리하므로 주로 설명적 조사를 위해서는 종단적 조사를 이용한다. 종단적 조사의 유형에는 패널조사, 시계열조사, 동년배조사가 있다.

① 패널조사

패널조사(panel study)는 동일한 주제, 동일한 조사대상(패널)에 대해 시간적 간격을 두고 계속해서 반복적으로 면접이나 관찰을 시행하는 조사로서 종단적 조사의 가장 강한 형태이다. 그러나 패널의 상실이 일어날 수 있고, 반복조사로 인한 조사효과가 발생할 수 있는 단점이 있다.

예시

2020년부터 매년 동일한 1,000가구를 대상으로 가계 경제 상황을 추적 조사하는 한국복지패널(Korean Welfare Panel Study)과 같은 연구

② **시계열조사**(경향조사, trend study)

시계열조사(time series research)는 특정 인구 집단 전체의 특성이 시간이 지남에 따라 어떻게 변하는가를 알아보기 위한 조사이다. 여러 시간에 걸쳐 조사를 반복 실시한다는 점에서는 패널조사와 같으나 조사대상을 동일한 개인으로 할 필요는 없으며, 매 시점마다 다른 표본을 추출하여 조사한다.

예시

10년마다 실시되는 인구주택총조사 자료를 분석하여 대한민국 국민의 가구 형태 변화 추이를 파악하는 것

③ **동년배조사**

동년배조사(cohort study)는 보다 좁고 구체적인 인구 집단에 대해 시간 흐름에 따른 변화를 연구하기 위해 동일한 특성(예 출생 연도, 특정 경험 등)을 공유하는 집단을 시간대별로 조사하는 것이다.

예시

2010년 대학수학능력시험을 본 수험생 집단이 10년, 20년 후에 어떤 직업을 가지고 어떤 삶의 만족도를 보이는지 추적 조사하는 것

(3) 유사종단적 조사(유사 종단 연구)

유사종단적 조사(quasi-longitudinal study)는 횡단적 조사의 데이터를 활용해 종단적 조사의 결과를 유추하는 방법이다. 종단적 조사가 현실적으로 어렵거나 불가능할 경우에 사용된다.

예시

현재 20대, 30대, 40대, 50대 집단의 스마트폰 의존도를 동시에 조사하여, 연령대가 높아질수록 스마트폰 의존도가 낮아진다는 결과를 통해 개인의 스마트폰 의존도가 나이가 들면서 줄어들 것이라는 가설을 세우는 것

4) 자료수집방법에 따른 분류

자료수집방법에 따라 크게 양적 조사(quantitative research)와 질적 조사(qualitative research)로 분류할 수 있다. 양적 조사는 대상의 속성을 계량적으로 표현하고 그들의 관계를 통계분석을 통해 밝혀내는 조사이고, 질적 조사는 행위자의 언어, 몸짓, 행동 등의 상황과 환경적 요인들을 비수치적인 자료를 통해 현지조사, 심층면접, 비교역사연구 등의 방법으로 조사하는 것이다. 양적 조사와 질적 조사의 특성은 〈표 3-1〉과 같다.

〈표 3-1〉 양적 조사와 질적 조사의 특성

구 분	양적 조사	질적 조사
연구목적	이론 및 가설검증, 인과관계 규명	이론 생성 및 탐색, 의미와 현상에 대한 심층적 이해
자료형태	수치, 통계 데이터	문장, 이미지, 음성 등 비수치적 자료
연구방법	설문, 실험, 통계분석	심층면접, 현지조사, 사례연구
자료수집	구조화된 도구(설문지), 대규모 표본	비구조화된 도구(면접 가이드), 소규모 표본
장점	일반화 용이, 객관적 분석 가능	현상에 대한 깊이 있는 이해, 맥락적 해석 가능
단점	현상의 복잡성 파악 어려움	연구결과의 일반화 어려움, 주관성 개입 가능성

(1) 양적 조사

① 질문지조사

질문지조사(questionnaire research)란 질문지를 이용하여 자료를 수집하는 조사를 말하며, 서베이(survey)라고도 한다. 질문지조사에는 우편조사, 전화조사, 집합조사, 배포조사, 전자조사 등의 자료수집방법이 있다.

예시

신입생 500명을 대상으로 대학 생활 만족도, 전공 선택 동기 등을 묻는 온라인 설문지를 배포하여 데이터를 수집하는 것

② 면접

면접(interview)도 질문지조사의 한 형태라고 볼 수 있으나, 응답자로부터 원하는 정보나 의견, 신념, 태도 등의 표현을 얻기 위해서 서로 대면하여 언어적 상호작용에 의해 자료를 수집한다는 점에서 질문지조사와 다르다. 또한 면접의 경우에는 응답자에게 직접 질문지가 주어지지 않고 응답자에게 질문을 읽어주고 조사자가 직접 응답내용을 기입한다는 점에서 질문지조사와 다르다(참고 : 양적 연구에서의 면접은 구조화된 질문에 대해 답변을 얻는 방식이며, 질적 연구에서의 심층면접과는 구분된다).

예시

병원 만족도 조사를 위해 조사원이 환자에게 직접 질문을 읽어주고 답변을 기록하는 구조화된 대면면접

③ 실험

실험(experiment)은 조사대상에 대한 여러 변수 간의 인과관계를 인위적으로 규정하고, 즉 외생변수(외부변수)를 통제하고 독립변수를 조작하여 종속변수를 관찰함으로써 그 인과관계를 파악하는 것이다. 실험의 경우에 대개 조사자는 조사대상을 두 집단으로 분류한 후 한 집단(실험집단)에는 실험적 처리를 하고, 다른 집단(통제집단)에는 실험적 처리를 하지 않은 후 그 결과를 비교한다.

예시

특정 학습법의 효과를 검증하기 위해 실험집단(새 학습법 적용)과 통제집단(기존 학습법 유지)을 설정하고, 두 집단의 성적 변화를 비교 분석하는 것

④ 내용 분석

내용 분석(content analysis)은 서적, 신문, 문서, 노래 등 기존 자료를 객관적・체계적으로 분석하여 어떤 정보를 얻어내는 방법이다. 연구자는 먼저 책, 신문, 영화, 음악 등에서 분석할 자료를 찾아내고, 그 다음 그 자료 속에서 연구하고자 하는 내용을 분석할 분석틀을 만든다. 그러고 난 후 얼마나 자주 그러한 단어, 주제 등이 사용되었는지를 분석하여 기록한다. 예를 들어, 역대 대통령의 연설문을 분석하여 사회복지에 대한 관심이 어떤가를 연설문의 주제와 단어 등 내용 분석을 통하여 가늠해 볼 수 있다.

예시

특정 기간 동안의 신문 기사 제목에 '기후 변화', '탄소 중립' 등 환경 관련 키워드가 얼마나 자주 등장하는지를 분석하여 사회적 관심의 변화를 측정하는 것

⑤ 기존 통계자료 분석

기존 통계자료 분석(existing statistical data analysis)은 기존 통계자료를 이용하여 새로운 정보를 얻어내는 방법이다. 연구자는 자신이 의도하는 연구목적을 위해 기존 통계자료를 다른 형태로 결합하거나 재조직하여 새로운 사실을 찾아내기도 하고, 기존 자료 그 자체에서 찾아내기도 한다. 다문화가정의 소득수준을 알고자 할 때 해당 행정기관에서 파악하고 있는 통계자료를 활용하는 방법이다.

예시

통계청의 가계동향조사 원시자료를 재분석하여 청년 1인가구의 지출 패턴을 소득수준별로 비교하는 것

(2) 질적 조사

① **현지조사**(참여 관찰, participant observation)

현지조사(field study)는 시각이나 청각과 같은 감각기관을 통해 보고 들어서 현상을 인지하고 자료를 수집하는 방법으로, 주로 작은 집단을 오랜 기간에 걸쳐 관찰하는 일종의 사례연구이다. 현지조사 연구자는 먼저 연구하고자 하는 주제를 정한 후 이 연구를 위한 집단이나 지역을 선정하고, 다음으로 그 사회적 상황에서 자기 역할을 정하여 맡은 후 조사를 시작한다. 조사는 대체로 관찰이나 심층면접 등으로 진행되며, 이를 통해 수집한 내용을 잘 기록하여 두었다가 이를 바탕으로 연구보고서를 작성한다. 현지조사는 연구문제를 설정하거나 가설을 형성하기 위해 사용된다.

예시

청소년 보호 쉼터의 운영 방식과 입소 청소년들의 적응 과정을 이해하기 위해 연구자가 쉼터에 직접 거주하며 참여관찰 및 심층면접을 진행하는 것

② **비교역사연구**

비교역사연구(historical-comparative research)는 역사적 자료를 이용하여 과거의 어떤 시기의 사회현상이나 사건을 연구하는 조사방법이다. 연구자는 과거의 한 시대 또는 여러 시대를 분석할 수 있고, 한 문화 또는 여러 문화를 비교하여 조사할 수 있다. 이를 위해 연구자는 먼저 연구하고자 하는 주제를 정하고, 그 다음 필요한 자료를 그 당시의 책, 문서, 신문, 사진 등의 문서기록과 관찰 및 관련자와의 면담 등을 통해 필요한 자료를 수집하고 수집된 자료를 분석하여 보고서를 작성한다.

예시

조선 시대와 대한제국 시대의 가족 제도를 비교하여 시대적 변화에 따른 가족 구조의 특성을 탐구하는 것

③ 심층면접

심층면적(in-depth interview)은 질적 연구의 핵심 방법 중 하나로, 구조화된 질문지 없이 개방적인 대화를 통해 연구주제에 대한 개인의 깊은 경험, 생각, 감정, 가치관 등을 탐색하는 방법이다. 연구자가 특정 질문에 얽매이지 않고 유연하게 대화의 흐름을 따라가며 풍부한 비수치적 자료를 얻는다.

예시

특정 사회운동에 참여한 활동가들을 대상으로, 그들의 참여 동기, 경험, 운동의 의미에 대한 심층적인 이야기를 듣는 것

5) 조사대상의 범위에 따른 분류

(1) 전수조사

전수조사란 조사대상이라고 생각되는 모든 부분, 즉 모집단 전체를 조사하는 조사이다. 전수조사는 모집단이 비교적 작은 경우 추정도를 높이기 위해 사용된다. 대표적으로 인구조사, 국세조사가 있다.

예시

한 대학교의 전체 학생 2만 명을 대상으로 투표를 실시하여 총학생회장을 선출하는 것

(2) 표본조사

표본조사는 전수조사가 어려운 경우 모집단의 일부만을 추출하여 모집단 전체를 추정하는 조사이다. 따라서 표본조사에서 실제 알고자 하는 것은 표본의 특성이 아니라 모집단 전체의 특성이다. 이때 중요한 것은 표본이 모집단의 특성을 가장 잘 대표할 수 있어야 한다는 점이다.

예시

전국 만 19세 이상 성인 남녀 1,000명을 표본으로 추출하여 대통령 국정 수행 지지율을 조사하는 것

2. 사회조사의 절차

사회조사의 과학적 연구수행과정은 일정하게 정해진 것은 없지만 대체로 ❙그림 3-1❙과 같이 6단계의 절차를 거친다. 연구자는 연구주제를 선정하고 가설을 구성하기 위해 이론이나 기존 연구들을 통해 좋은 아이디어를 얻고, 조사방법론을 통해 조사설계와 자료수집을 하는 데에 필요한 지식을 얻을 수 있다. 그리고 통계학을 통해 자료분석과 해석에 필요한 지식을 얻을 수 있다.

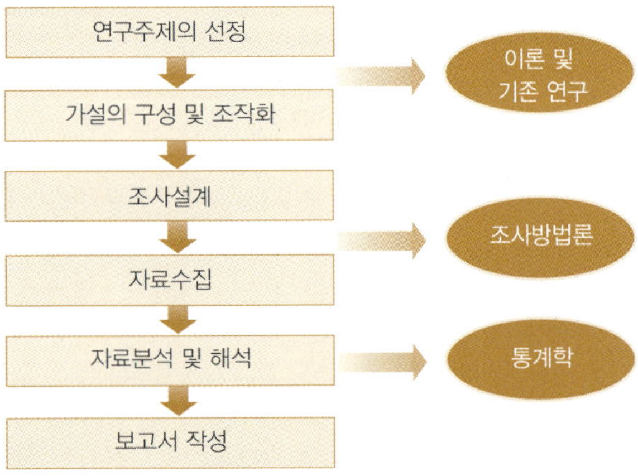

❙그림 3-1❙ 사회조사의 과정

1) 연구주제의 선정

연구의 첫 단계는 연구주제의 선정이다. 연구를 시작할 때 연구자는 우선 어떤 주제를 연구대상으로 할 것인가를 결정해야 한다. 더 나아가 연구자는 연구의 주제뿐 아니라 연구의 목적, 이론적 배경, 중요성 및 기여도 등을 논리적으로 정립하여야 한다. 그러나 연구주제를 잘 선정한다는 것은 결코 간단한 일이 아니다.

적절한 연구주제를 선정하기 위해 연구자는 우선 관련 이론과 문헌을 많이 봐야 한다. 그리고 관련 현상을 탐색하고, 관련자와 전문가의 의견을 수렴하는 것도 도움이 된다. 연구자는 이러한 것들을 통합하여 정교한 연구질문을 만들어낼 수 있는 독창적인 통찰력이 있어야 한다. 여기서 연구질문이란 연구주제가 선정되면 연구문제를 좀 더 명확하게 하기 위해서 간결하고 명확한 의문문 형태로 표현한 것이다. 예를 들면, '부모의 폭력과 아동의 자존감과의 관계'라는 주제를 좀 더 명확하게 하기 위해서 "부모의 폭력이 아동의 자존감에 어떤(어떻게) 영향을 미칠 수 있는가?"란 연구질문으로 연구문제를 구체화한다.

한편 다루고자 하는 연구주제를 선정하는 과정에서 그 연구주제가 조사연구가 가능한 연구문제로 되기 위해서는 다음 사항을 고려해야 할 필요가 있다(김영종, 2007 : 80-81).

① **연구범위의 적절성** : 한 연구가 감당해 내기에 적절한 연구주제의 범위는 너무 광범위해서는 안 된다. 연구는 기존 연구의 부족한 부분이나 검증의 필요성이 강하게 나타나는 부분을 찾아내어 집중하는 것이 바람직하다.

② **조사의 현실적 여건** : 조사연구의 현실도 고려하여야 한다. 접근 가능성, 경비, 윤리적 문제 등과 자신의 연구능력과 지원체계의 존재 여부

도 감안해야 한다.

③ **검증 가능성** : 어떤 형태로든 경험적인 검증이 가능해야 한다.

④ **효용성**(실용성) : 좋은 연구는 연구의 결과를 통해 '무엇을 하려는 것인지' 적절한 의도가 있어야 하고 실용적이어야 한다.

⑤ **창의성** : 연구주제가 독창성이 있어야 한다. 새로운 관점과 견해를 바탕으로 연구주제가 선정되어야 한다. 즉, 기존의 연구결과들로는 충분히 파악하기 어려운 경우, 기존 연구결과들과 일치하지 않는 경우, 현존하고 있는 현상이 기존 이론으로 설명하기 어려운 경우 등을 연구주제로 삼는 것이 바람직하다.

2) 가설의 구성 및 조작화

(1) 가설의 구성

가설이란 주제에 대해 어떤 결론을 이끌어내기 위해 조사 가능한 구체적인 변수 간의 관계로 나타낸 것이다. 많은 경우 선정된 주제들이 너무 일반적이거나 추상적이어서 실제 조사가 불가능하거나 어려운 경우가 많다. 이런 경우 주제를 조사 가능한 구체적인 가설로 세분할 필요가 있는데, 이와 같이 가설을 작성하는 것을 가설의 구성이라 한다. 가설 구성을 위해 관련 문헌이나 이론을 참고하나 자신의 관심과 창의성이 중요하다. 가설의 구성은 연구문제를 조사 가능한 구체적인 가설로 세분하여 작성할 수 있는데, 연구문제에 대한 가설의 수는 여러 개가 될 수 있다. 예를 들어, 가정환경과 아동학대의 관계를 주제로 선정한 경우 다음과 같이 몇 개의 가설로 연구문제를 세분화하여 구체화할 수 있다. ① 부모의 직업이 블루컬러일수록 아동학대가 심할 것이다, ② 저소득층 가정일수록 아동학대가 심할 것이다, ③ 부모의 학력이 낮을수록 아동학대가 심할 것이다, ④ 부부관계가 좋지 않을수록 아동학대가 심할 것이다 등의 가설설정이 가능하다. 모든 연구에서 가설이 항상 필요하지는 않다. 그러나 어떤 현상의 설명을 요하는 설명적 조사에서는 반드시 필요하다. 다음은 조사연구에서 가설 활용의 중요성을 요약한 것이다(김영종, 2007 : 89-90).

첫째, 가설은 이론을 활용하고, 검증된 가설은 이론을 발전시킨다. 가설은 이론으로부터 도출되기도 하고 혹은 다른 가설들로부터 따오기도 한다. 예를 들어, 공격적인 행동에 대한 원인과 그 결과를 설명하기 위한 공격성 이론, 즉 "좌절감이 공격성을 유발한다"라는 명제를 활용하여 아동의 공격적 행동의 원인과 결과를 설명하기 위한 가설, "부모로부터 사랑을 빼앗긴다면(좌절), 아이들은 일정한 공격적인 행동양상을 나타낼 것이다(공격성)"에서 "동생이 태어난 후 6개월 동안의 공격성 지수의 평균은 동생이 태어나기 전 6개월 동안의 평균보다 높을 것이다" 등으로 확장해 나갈 수 있다.

둘째, 가설은 검증될 수 있으며, 통계적으로 옳은지 그른지를 증명할 수 있다. 따로 떨어져 있는 명제는 검증되지 않는다. 즉, 가설이 설정되어야만 어떤 현상을 설명하기 위한 검증이 가능하다.

셋째, 가설은 객관적인 검증을 위한 수단이 된다. 따라서 가설과 가설검증의 방법은 과학적 이론의 객관성을 담보하는 핵심 수단이 된다. 이를 통해 과학적 지식의 산출이 이루어진다.

(2) 조작화

이렇게 가설을 설정하고 나면 가설의 독립변수와 종속변수를 조사해야 한다. 그렇게 하려면 각 변수를 측정하여 변수들 간의 인과관계를 검증하여야 하는데, 이들 변수들이 추상적이어서 직접 측정이 불가능한 경우에는 그 개념을 잘 대변할 수 있는 측정 가능한 대체 개념을 정립해야 한다. 이것을 조작화(operationalization)라 한다. 예를 들어, 앞의 가설에서 독립변수의 경우 ④번의 가설을 제외한 가설들의 독립변수는 직접 측정이 가능하여 측정하는 데 문제가 없으나, 부부관계가 좋은지 그렇지 않은지를 파악하기 위해서는 대체 개념 '부부 간 대화의 횟수', '부부싸움의 횟수' 등으로 파악해 볼 수 있다. 또한 종속변수인 아동학대의 정도를 파악하기 위해서는 ① 신체적 학대(습관성 구타, 감정적 구타, 가벼운 구타, 심한 구타 등), ② 언어적 학대(원망적 언어, 거부적 언어, 경멸적 언어 등), ③ 정서적 학대(모욕적 태도 및 비윤리적 태도 : 예 옷을 벗긴 채 벌을 세움, 집 밖으로 내쫓음, 증오심을 가질 정도로 구박함)로 측정 가능하도록 조작화해야 할 것이다.

3) 조사설계

조사설계란 연구를 위해 필요한 자료를 수집하고 분석하기 위한 설계이다. 이 단계에서는 ① 자료수집방법(질문지조사, 면접, 실험, 관찰, 내용 분석, 2차 자료분석)의 결정, ② 자료수집과정과 절차계획, ③ 연구모집단 및 표본의 수와 표본추출방법 결정, ④ 조사도구(질문지) 작성, ⑤ 조사도구의 신뢰도와 타당도 검증, ⑥ 자료분석기법(통계처리방법)을 결정한다. 한편 조사설계는 가설을 잘 검증할 수 있도록 준비되어야 한다.

4) 자료수집

연구자가 조사설계에 의해 자료를 수집하는 단계이다. 자료수집 이전의 단계를 설계과정이라 한다면, 이 단계는 설계를 집행하는 단계라 할 수 있다. 자료수집을 하기 위해서 표본을 추출하고, 선정된 자료수집방법에 의해 자료를 수집한다. 자료수집은 1차 자료수집과 2차 자료수집으로 구분할 수 있는데, 1차 자료수집은 조사자가 직접 자료를 수집하는 것으로 실험, 관찰, 면접, 설문지 등을 통해 수집한다. 2차 자료수집은 연구자가 직접 자료를 수집하는 것이 아니라 다른 연구자가 이미 수집한 자료나 기존 연구에서 수집되어 있는 자료를 활용하는 것을 의미한다. 자료수집 시 주의해야 할 점은 의도하지 않은 영향, 즉 편향성(bias)을 가능한 한 배제할 수 있도록 자료수집방법, 시간, 장소 등을 적절하게 감안하여 자료수집에 임하여야 한다.

5) 자료분석 및 해석

수집된 자료를 편집과 코딩을 거쳐 계획된 통계기법으로 분석한 후 그 분석결과를 해석하는 단계이다. 자료분석은 통계프로그램(spss, SAS)을 활용하고 통계치, 차트, 표, 그래프 등으로 분석결과를 일목요연하게 제시한다. 그 다음 분석결과에 의거 연구자는 연구주제와 연구질문에 관한 배경지식과 활용된 이론으로 처음 제기된 연구질문에 답하거나 혹은 대안적 해석을 시도한다.

〈표 3-2〉 통계방법의 조건

분석방법	변수의 척도	분석방법	변수의 척도	
			독립변수	종속변수
빈도분석	명목, 서열, 등간, 비율	회귀분석	등간, 비율	등간, 비율
요인분석	등간, 비율	t-test	명목	등간, 비율
신뢰도분석	등간, 비율	ANOVA	명목, 서열	등간, 비율
상관관계 분석	등간, 비율(피어슨 상관관계) 서열(스피어만 상관관계)	교차분석 (카이스퀘어검정)	명목, 서열	명목, 서열

6) 보고서 작성

연구과정의 마지막 단계는 연구자가 연구결과를 발표하기 위해 보고서를 작성하는 것이다. 이 보고서는 연구의 시작부터 결론까지 조사연구의 전 과정을 일목요연하게 정리하는 것이다. 일반적인 연구보고서 구성 내용은 다음을 포함하고 있어야 한다.

- 연구의 배경 및 필요성(연구질문과 가설)
- 조사방법에 대한 설명(조사설계, 변수, 측정도구, 자료수집방법 등)
- 연구결과 또는 연구로 밝혀진 사실
- 결과에 대한 논의, 연구의 제한점 및 후속연구에 대한 제언 등

CHAPTER 04

측정과 척도 구성

1. 측정의 개념과 등급
2. 측정도구
3. 척도 구성

04 CHAPTER 측정과 척도 구성

1. 측정의 개념과 등급

측정(measurement)이란 추상적 개념을 경험화하는 작업으로, 경험적인 특질들, 즉 조사대상자의 속성 또는 변수에 대해 일정한 규칙에 따라 수치(숫자, 기호)를 부여하는 것이다. 따라서 측정은 추상적인 개념들을 현실 세계에서 경험할 수 있는 자료와 연결시켜 주는 수단이 된다.

측정은 과학적 연구의 핵심적인 절차로, 개념을 조작적으로 정의하고 그 정의에 따라 경험적 지표에 숫자를 부여하는 과정이다. 측정에는 측정하고자 하는 변수에 따라 〈표 4-1〉과 같이 네 가지 등급의 측정 수준이 있다.

〈표 4-1〉 측정의 등급

측정의 수준	의 미	예	범주	서열	등간	비율
			=	><	+, −	×, ÷
명목측정	변수의 속성에서 그 차이점과 유사점에 따라 범주화	성별, 종교, 결혼 유무, 예/ 아니요	○			
서열측정	속성 간에 순서를 매기지만 그 순서 간의 간격은 비동일	태도(선호도, 만족도), 장애등급	○	○		
등간측정	변수속성 간에 동일한 간격으로 순서화	IQ, 온도, 도덕지수, 물가지수 등	○	○	○	

비율측정	등간측정의 모든 특성에 절대영값(0)이 존재	자녀 수, 근무경력, 소득 등	○	○	○	○

2. 측정도구

측정하려는 대상이 복합적인 개념일 경우 단일한 질문이나 지표만으로는 정확한 측정이 어렵다. 부피, 압력 등을 측정하는 것과 같이 자연과학의 개념을 측정하는 것은 비교적 명확하고 단순하다. 그러나 행복도, 삶의 만족도, 사회적 지지망 정도, 우울증과 같은 심리적 상태 등은 단일항목이나 자료로 나타내기 어렵기 때문에 이들을 측정하기 위해서는 복합적인 항목이나 지표의 결합으로 만든 합성측정도구(composite measurement)가 필요하다. 이 합성측정도구의 대표적인 것이 지표, 지수, 척도이다.

1) 지 표

지표(indicator)란 변수의 속성을 나타내는 요소로서 어떤 현상을 실증적으로 측정하고자 하는 값을 말한다. 예를 들면, 국가의 발전 정도를 나타내는 각종 사회지표들(인구 수, 이혼율, 자살률, 빈곤율 등)과 노동경제지표들(경제성장률, 소득, 수출률, 실업률, 노동생산성 정도 등), 사회경제적 지위(소득, 학력, 직업 등) 등이 있다.

예시

1. '가난'이라는 개념을 측정하기 위한 지표로 월 소득, 주거 면적, 식사 횟수 등을 사용할 수 있다.
2. '학교폭력' 발생 정도를 측정하기 위한 지표로 학교 내 폭력 사건 신고 건수, 폭력 목격 경험률 등을 사용할 수 있다.

2) 지 수

지수(index)란 단순지표로는 변수의 속성을 다 파악하기에 한계가 있을 때, 더 정확하게 파악하기 위해 다수의 지표들을 한 묶음으로 합쳐서 단일수치로 나타낸 것이다. 지수는 각 지표를 단순 합산하거나 평균을 내는 방식으로 구성되며, 각 지표의 중요도를 다르게 반영할 수 있다. 예를 들면, 소비자물가지수, 생산성지수, 도덕성지수, 성평등 지수, 행복지수 등이 있다.

예시

1. '삶의 질'이라는 개념을 측정하기 위해 소득, 교육수준, 건강 상태, 환경 오염 정도 등을 각각 지표로 삼아 하나의 '삶의 질 지수'를 만들어낼 수 있다.
2. UN의 '인간개발지수(HDI)'는 건강, 교육, 소득 등 여러 지표를 결합하여 한 국가의 인간 개발 수준을 종합적으로 보여주는 대표적인 지수이다.

3) 척 도

척도(scale)는 어떤 현상을 수량적으로 측정하기 위한 도구로서 논리적·경험적으로 서로 연결되어 있는 여러 개의 문항 또는 지표로 이루어진 합성측정도구(복합적 측정도구)이다. 지수에 비해 더 엄격한 절차를 거쳐 만들어지며, 주로 인간의 생각이나 태도와 관련된 변수들을 측정할 때 사용한다. 이때 측정하고자 하는 변수의 타당성을 높이기 위하여 동일차원의 문항을 여러 개 만들어서 척도화한다. 예를 들면, 우울증척도, 자아존중감척도, 직무만족도척도 등이 있다.

사회조사에서 척도를 사용하는 이유는 다음과 같다.

① 하나의 단순지표로서는 제대로 측정하기 어려운 복합적인 개념을 측정할 수 있다.

② 여러 개의 지표(문항)를 하나의 점수로 나타냄으로써 자료의 복잡성을

덜어준다.

③ 변수에 대한 양적인 측정값을 제공함으로써 정확성을 높인다.

④ 측정값이나 측정도구의 오차를 줄이고 타당도와 신뢰도를 높인다.

즉, 척도를 만들어 사용하는 이점은 척도가 단일문항보다는 여러 개의 문항으로 구성되어 있기 때문에 본래 의도한 속성을 정확히 측정하고, 보다 일관성 있는 결과를 제공한다는 점이다.

3. 척도 구성

척도의 구성은 척도를 만드는 것을 말하며, 인간의 행위나 태도를 측정하는 일종의 잣대를 만드는 것이다. 척도를 구성할 때에는 다음과 같은 사항을 고려해야 한다.

첫째, 척도의 응답범주(문항)들은 각 범주 간 상호 배타적이어야 한다.

둘째, 척도의 문항들이 응답 가능한 상황들을 모두 포함하는 포괄성이 있어야 한다.

셋째, 척도의 문항들이 논리적 연관성을 가지고 있어야 한다.

넷째, 척도의 문항들 간에는 서로 내적 일관성을 가지고 있어야 한다.

척도를 구성하는 방법은 측정하려는 변수의 구조적 성격에 의거해서 결정된다. 특히 변수의 측정 수준에 따라 그 구성방법도 달라진다.

1) 명목척도의 구성

명목척도를 구성하는 데에는 특별한 기법이 따로 없으며, 다만 기본적인 척도 구성의 원칙 중 응답범주 간 상호 배타성, 포괄성, 논리적 연관성 원칙만 갖추어지면 된다. 명목척도는 조사대상을 단순히 어떤 집단 또는 범주로 분류할 때 이용된다. 예를 들어, 성별을 묻는 경우 '① 남자, ② 여자', 종교를 묻는 경우 '① 불교, ② 가톨릭, ③ 개신교, ④ 원불교, ⑤ 기타' 등으로 응답범주를 분류하면 된다. 이때 ①, ②, ③ 등 숫자는 수적인 의미를 가지는 것이 아니라 단순히 분류를 위해 명목적으로 붙여진 하나의 기호라 보면 된다.

예시

"당신의 거주 지역은 어디입니까?" (1. 서울, 2. 경기, 3. 인천, 4. 그 외 수도권, 5. 비수도권)

2) 서열척도의 구성

서열척도의 구성은 응답범주들 사이에 상대적인 서열관계만 알 수 있도록 숫자나 기호를 부여하는 방법이다. 즉, 응답범주들 간의 대소, 고저, 전후, 상하 등에 따라 서열화한다. 그러나 서열척도의 서열 간 간격은 동일하지 않으며, 붙여진 숫자는 상대적인 순서의 의미만 있을 뿐 숫자의 크기를 의미하지는 않는다. 서열척도는 정확하게 정량화하기 어려운 응답자의 태도, 선호도, 사회계층 등의 측정에 이용된다. 서열척도에는 평정척도, 리커트 척도, 거트만 척도 등이 있다.

(1) 평정척도

평정척도(rating scale)는 응답자에게 주어진 대상 또는 사회현상에 대해 몇 개의 의미 있게 배열된 범주들 가운데 하나를 또는 일정한 연속선상의 한 점을 선택하도록 함으로써 대상의 속성이나 사회현상을 평정하는 방법이다. 평정척도 구성에는 척도 구성의 기본 원칙, 즉 응답범주 간 상호 배타성, 포괄성, 논리적 연관성이 있어야 하고, 찬반의 응답범주 수가 균형 잡히도록 해야 한다. 평정척도는 한 변수를 하나의 문항으로 측정하도록 되어 있기 때문에 척도를 구성하고 사용하기에는 간편하지만 평가자의 주관적 판단, 즉 평가자의 성격 및 태도, 심리적 편향에 좌우될 가능성이 높기 때문에 객관적인 판단의 근거로 삼기는 한계가 있다.

평정척도는 도표법(graphic method) 혹은 기술법(descriptive method)으로 구성할 수 있다.

① **도표법** : 직선을 긋고 그 위에 일정한 간격으로 수치를 부여하고 중간중간에 해설을 붙여서 응답자들로 하여금 자기의 의견과 일치되는 부분에 표시하도록 하는 방법이다.

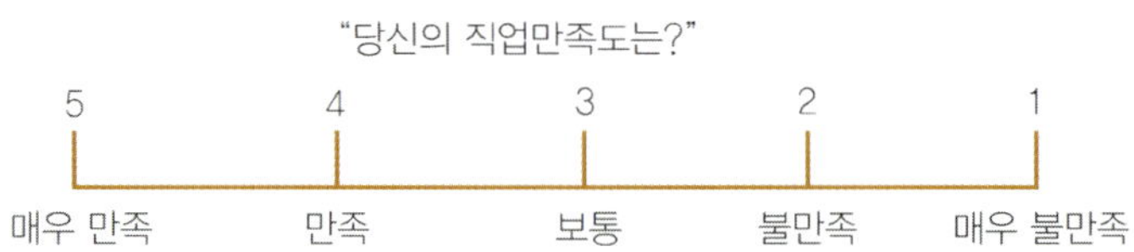

| 그림 4-1 | 도표식 평정척도의 예

② **기술법** : 질문에 맞는 응답범주를 기술해서 제시하고 그 가운데 응답자들의 의견과 일치되는 것을 선택하도록 하는 방법이다.

"당신의 직업만족도는?"

① 매우 불만족 ② 불만족 ③ 보통 ④ 만족 ⑤ 매우 만족

| 그림 4-2 | 도표식 평정척도의 예

(2) 리커트 척도

리커트 척도(Likert scale)는 리커트(R. Likert)에 의해 개발되었으며, 척도 점수를 모든 질문문항에 응답한 점수를 합쳐서 계산하기 때문에 총화척도(summated scale)라 부르기도 한다. 리커트 척도는 한 변수를 측정하기 위해 적절하게 선택된 한 세트의 다수의 문항으로 구성된다. 이는 어떤 변수를 측정하고자 할 때 한 문항만으로는 불충분하며, 적절하게 선택되고 분석된 일

련의 다수문항들로 척도를 구성할 때 변수를 보다 정확하게 측정해 낼 수 있기 때문이다. 그리고 척도에 속하는 문항들 간에는 고도의 관련성(내적 일관성)이 있어야 한다. 〈표 4-2〉의 자아존중감 척도는 리커트 척도의 한 예이다.

〈표 4-2〉 자아존중감 척도

문 항	매우 그렇지 않다	그렇지 않다	보통이다	그렇다	매우 그렇다
1. 나는 다른 사람처럼 가치 있는 사람이라고 생각한다.					
2. 나는 좋은 성품을 가졌다고 생각한다.					
3. 나는 대체로 실패한 사람이라고 생각한다.					
4. 나는 다른 사람들만큼 일을 잘할 수가 있다.					
5. 나는 자랑할 것이 별로 없다.					
6. 나는 나 자신에 대한 긍정적인 태도를 가지고 있다.					
7. 나는 나 자신에 대해 대체로 만족한다.					
8. 나는 나 자신을 좀 더 존중할 수 있으면 좋겠다.					
9. 나는 가끔 나 자신이 쓸모없는 사람이라는 느낌이 든다.					
10. 나는 때때로 내가 좋지 않은 사람이라고 생각한다.					

한편 리커트 척도는 조사하고자 하는 대상이나 현상에 대해 많은 질문문항을 한데 묶어서 척도를 만들기 때문에 조사하고자 하는 대상이나 현상에 대해 좀 더 정확하게 측정할 수 있고, 뒤에서 설명할 서스톤의 유사동간법이나 거트만 척도보다 척도 구성이 비교적 간편하기 때문에 사회현상에 대한 측정에 유용하게 활용된다.

리커트 척도의 구성은 〈표 4-3〉과 같은 절차로 이루어진다.

〈표 4-3〉 리커트 척도의 구성절차

① 어떤 쟁점 또는 대상에 대하여 긍정-부정, 우호적-비우호적, 찬-반의 방향성이 뚜렷한 문항을 다수 만든다(사용될 문항의 두 배 정도).
② 각 문항에 응답 카테고리를 설정한다(3점, 4점, 5점, 7점 척도).
③ 각 문항 응답 카테고리에 가중치를 부여한다(1점-3점, 1점-4점, ……).
④ 조사대상자에게 설문한다. 이때 피조사자는 자기감정에 가장 가까운 응답범주에 표시한다.
⑤ 응답자별 평점을 낸다.
⑥ 문항분석을 해서 판별력이 높은 문항을 필요한 수만큼 선정하여 최종척도로 사용한다(판별력지수가 1.00 이상 문항을 선택).
⑦ 선정되지 않은 문항을 제외하고 선정된 문항들의 결과만 분석자료로 활용한다.
※ 판별력 지수 = 제3사분위수 이상의 집단의 평균점수 − 제1사분위수 이하 집단의 평균점수

(3) 거트만 척도

거트만 척도(Guttman scale)는 척도도식법(scalogram method, 스캘로그램)이라고도 하며, 단일차원적 특성, 태도, 현상 등을 측정하기 위해 마련된 누적 척도의 하나이다. 이 방법은 일정한 기준에 의해서 한 묶음의 문항들을 논리적으로 완벽하리만큼 서열로 배열할 수 있다는 가정을 전제로 한다. 가장 약한 태도를 가진 사람은 한 문항에만 '예'라고 답하고, 가장 강한 태도를 가진 사람은 모든 문항에 '예'라고 답하는 식으로, 응답이 누적적으로 나타나는 것이 특징이다. 리커트 척도에서는 개별 항목을 동일하게 취급하여 단순히 합산한 결과를 서열화하지만, 거트만 척도에서는 〈표 4-4〉의 예에서와 같이 개별 항목들 자체에 서열성이 미리 부여되는 방식을 택한다. 그래서 서열에 따른 항목별 가중치를 부여하여 나온 누적 합산점수를 사용하기 때문에 단일차원성의 원칙에 의거한 서열성을 부여할 수 있는 장점이 있다. 반면 리커트 척도는 문항들 간 서열성을 감안하지 않고 단순합산한 점수만으로 측정값의 서열과 등위성을 부여하기 때문에 만일 항목들 간에 강도의 차이가 있다면 합산점수가 같다 하더라도 그 서열적 등위성을 보장하기가 어렵다.

예시

특정 사회 이슈에 대한 찬성 정도를 측정하기 위해 다음과 같은 거트만 척도를 구성할 수 있다.

- 1. "이 이슈에 대해 들어본 적이 있다." (가장 약한 찬성)
- 2. "이 이슈가 사회적으로 중요하다고 생각한다."
- 3. "이 이슈 해결을 위해 정부의 정책적 개입이 필요하다."
- 4. "이 이슈 해결을 위해 개인적인 참여(예 기부, 서명) 의사가 있다." (가장 강한 찬성)

이 경우 4번에 "예"라고 응답한 사람은 1, 2, 3번에도 반드시 "예"라고 응답할 것이라고 가정한다.

〈표 4-4〉 거트만 척도 구성의 예

문 항	찬 성	반 대
1. 외국인 근로자와 결혼을 전제로 사귀는 것에 대해 어떻게 생각합니까?	5점	0점
2. 외국인 근로자와 같은 집에 사는 것에 대해 어떻게 생각합니까?	4점	0점
3. 외국인 근로자가 우리 옆집에 사는 것에 대해 어떻게 생각합니까	3점	0점
4. 외국인 근로자가 우리 지역에 있는 것에 대해 어떻게 생각합니까?	2점	0점
5. 외국인 근로자가 우리나라에 있는 것에 대해 어떻게 생각합니까	1점	0점

거트만 척도의 구성은 〈표 4-5〉와 같은 절차로 이루어진다.

〈표 4-5〉 거트만 척도의 구성절차

① 척도를 구성하는 문항을 선정한다.
② 척도를 구성하는 문항을 강도에 따라서 누적적인 순서로 배열한다.
③ 응답자가 응답한 문항별 응답에 가중치를 곱한 값을 합해 응답자의 총점을 구한다.
④ 응답자의 등위를 정하여 총점이 많은 순서대로 배열한다.
⑤ 응답형태가 누적적이지 않은 오류를 찾는다.
⑥ 재생계수(coefficient of reproducibility)를 구한다. 일반적으로 재생계수가 0.9보다 크면 척도 구성 요건을 갖춘 것으로 본다.
⑦ 재생계수가 0.9 이하라면 척도를 구성하는 문항을 다시 조정하여 새로운 척도를 구성한다.

※ $\text{재생계수} = \dfrac{(\text{문항 수} \times \text{응답자 수}) - \text{오류 수}}{(\text{문항 수} \times \text{응답자 수})}$

(4) 보가더스의 사회적 거리척도

보가더스(Bogardus)의 사회적 거리척도(social distance scale)는 소수민족, 사회계급 등에 대한 사회적 거리감의 정도를 측정하기 위해 하나의 연속성을 가진 문항들로 구성된 척도이다. 이 척도는 거트만 척도와 같이 누적적인 항목으로 구성되는 누적척도로서 인종 및 민족, 사회계급, 직업형태, 사회적 가치 등에 대한 거리감을 측정하는 데 많이 사용된다. 〈표 4-6〉은 보가더스가 미국 내 소수민족에 대한 미국인의 태도를 조사할 때 사용한 척도이다.

〈표 4-6〉 보가더스의 사회적 거리척도

점 수	문 항	영국인	스웨덴인	폴란드인	한국인
7	결혼하여 가족구성원으로 받아들인다.				
6	개인적인 친구나 클럽의 회원으로 받아들인다.				
5	이웃으로 우리 동네에 받아들인다.				
4	같은 직장에서 일하도록 받아들인다.				
3	우리나라 국민으로 받아들인다.				
2	우리나라 방문객으로만 받아들인다.				
1	우리나라에서 쫓아낸다.				

출처 : 채구묵(2005), p. 137 재구성.

3) 등간 및 비율척도의 구성 : 서스톤의 유사동간법

사회현상 중 누구나 똑같이 분별하고 판단할 수 있는 소득, 근속연수, IQ 등은 쉽게 등간 혹은 비율척도로 측정하는 것이 쉽다. 그러나 응답자의 주관적 판단에 따라 측정하는 것이 차이가 나는 현상에 관한 경우는 등간척도나 비율척도로 측정하는 것이 쉽지 않다. 예를 들어, 사회복지사의 전문성에 대한 측정을 하기 위해 10점 만점의 척도를 두고 측정한다고 가정하면, 설사 그 사회복지사의 전문성에 대한 생각이 똑같더라도 응답자에 따라 8점을 주거나 혹은 10점을 주는 등 다르게 점수를 줄 수 있다. 이렇게 되면 이 척도는 사회복지사의 전문성을 측정하는 도구로써 신뢰성에 문제가 된다. 그래서 사회조사에 사용되는 척도는 대부분 서열척도이다. 그러나 통계처리를 위해서 등간적 특성을 요하는 경우도 많이 있기 때문에 그 특성과 관계없이 기술적으로라도 그 척도의 등간성을 확보하려는 노력을 하게 된다. 이러한 이유로 만들어진 척도의 대표적인 것이 서스톤(Thurstone)의 척도이다.

서스톤이 만든 척도에는 유사동간법(equal-appearing interval scale), 짝비교법, 연속적 간격법 등이 있으나 여기서는 서스톤의 유사동간법에 대해서만 살펴보기로 한다.

앞서 거론한 척도가 문항들의 서열을 둔 척도 구성을 했다면, 서스톤의 척도는 서열문항들 간에 등간성까지 갖게 만드는 것이다. 즉, 문항들 간 중요도의 거리가 일정하게 연속되는 등간척도를 구성하는 것이다. 그러자면 서스톤 척도의 핵심은 간격 차가 일정하게 벌어진 문항들을 찾아내고, 그것들을 순서에 따라 나열해서 등간 간 수준 척도를 부여하는 작업이 된다(김영종, 2007 : 166).

서스톤은 '교회에 대한 태도 측정' 척도를 만들기 위해 우선 성격의 130개 항목을 무난 문항군으로 갖추어 두고(예를 들면, '교회는 좋은 영향을 주는 곳이다, 교회는 가난한 사람들을 도와준다, 교회에 다니는 사람들은 답답하다, 교회 때문에 아침마다 시끄럽다' 등) 교회에 대한 사람들의 온갖 생각을 대변하는 130개의 항목을 만들어낼 수 있을 것이다. 수백 명(300명)의 사람들을 판단자(judge)로 삼아 그들에게 그것을 평가하게 했다. 각자 130개의 문항을 11개의 범주에 끼워 넣게 했는데, 가장 우호적이라고 생각되는 문항들은 1점 범주에, 그다음 우호적인 문항들은 2점 범주에, 이런 식으로 하면서 가장 비우호적이라 생각되는 문항들은 마지막 11점 범주에 넣도록 했다. 이 자료를 근거로 11점 체계에 가장 적합한 11개 문항을 간추려서, 문항별로 1~11 등간점수가 부여된 척도 구성을 했다. 이렇게 만들어진 척도를 사용하는 사람들에게 11

개의 척도문항에 대해 찬성(○), 반대(×)의 의견을 물어서, 찬성이라고 응답한 항목들에 해당되는 상태점수를 모두 더하여 찬성 응답한 항목 수만큼 나누어 준다. 그래서 그 점수를 보고 교회에 대한 각 사람들의 태도, 즉 호감을 가지는지 또는 호감을 가지지 않는지를 판단할 수 있다. 이 과정에서 판단자들이 평위(rank)한 문항들 중에서 척도 구성을 위해 가장 적합한 11개 문항을 간추려내는 기준은 사분편차(제3분위수－제1분위수)가 작고 척도 전체에 균등하게 배열된 중위수(척도치)를 가지고 있는 문항을 고르는 것이다. 즉, 130개의 문항들 중에서 중위수가 1 정도 되면서 사분편차가 작은 문항을 1개 선택하고, 중위수가 2 정도 되면서 사분편차가 작은 문항을 1개 선택하며, … 중위수가 11 정도 되면서 사분편차가 작은 문항을 1개 선택한다. 척도치는 각 문항의 중위수를 그대로 척도치로 삼으면 된다. 선정된 문항들은 척도치의 순서대로 배열하는 것이 아니라 뒤섞어서 조사대상자에게 사용하게 된다. 이렇게 배열한 척도에 피조사자가 자기 의견과 일치되는 2~3개의 문항에 찬성 표시하면, 그 표시한 문항들의 척도치의 합을 표시한 개수만큼 나누어서 평균한 값이 그 사람의 평점이 된다.

서스톤의 유사동간법 장점은 척도의 타당도를 높여주는 데 크게 기여한다는 점이다. 반면에 단점은 척도를 만들기 위해 별도의 판단자들에게 평정시킴으로써 비용과 시간이 많이 소요되고, 판단자에 따라 문항평가가 크게 좌우될 소지가 있으며, 각 문항에 대한 수치로 주어지는 등간성을 가령하고 있지만 엄격하게 등간성이 보장되는지는 의문이 있다는 점이다.

4) 소시오메트리

소시오메트리(sociometry)는 모레노(Jacob, L, Moreno)와 그의 동료들이 발전시킨 인간관계 측정방법이다. 보가더스의 사회적 거리척도가 집단과 집단 간의 거리감 측정이라면, 소시오메트리는 집단 내 개인과 개인 간의 상호관계를 측정하는 척도이다. 즉, 집단 구성원 간의 친화와 반발을 조사하여 그 빈도와 강도에 따라 집단구조를 이해하는 데 매우 유용하게 활용되는 척도이다. 소시오메트리를 활용하면 집단의 지도자와 의사소통의 흐름을 파악할 수 있다.

소시오메트리를 활용한 측정은 첫째, 조사목적의 설정, 둘째, 질문의 작성, 셋째, 실제 적용으로 조사대상자들에게 일정한 기준에 따라 구성원 내에서 '선택' 혹은 '배척'을 선택하도록 하고, 넷째, 결과분석의 순서로 진행된다.

소시오메트리의 분석은 소시오메트릭스(sociometrix)나 소시오그램(sociogram)으로 분석한다. 소시오메트릭스는 한 사람의 다른 사람에 대한 선택을 해당 칸에 적고 종렬과 횡렬을 합산하여 각 구성원의 선택을 비교할 수 있다. 〈표 4-7〉은 직장 내부에서 직원들 간 "고민이 있을 때 누구와 처음 이야기를 나누고 싶은가?"라는 질문에 대한 응답을 정리한 것이다. 여기에서 '1'은 이야기하고 싶은 사람을 선택한 것이고, '0'은 선택하지 않았음을 의미한다. A는 이야기하고 싶은 사람으로 B와 C를 선택했고, B는 A, C, D를 선택했으며, C는 아무도 선택하지 않았고, D는 C를 선택했다. 이것을 분석하면 B가 가장 적극적으로 이야기를 나누는 스타일이고, C가 이 부서에서 지도자 및 상담자 역할수행에 제일 적합한 인물이라 볼 수 있다.

〈표 4-7〉 소시오메트릭스의 예

응답자 / 대화대상	A	B	C	D	선택계
A		1			1
B	1				1
C	1	1		1	3
D		1			1
응답계	2	3	0	1	

또한 소시오그램은 구성원 간의 선택, 배척을 화살표로 표시하여 구성원 간 역동을 알기 쉽게 그림으로 나타낸 것이다. ❙그림 4-3❙에서 화살표 실선은 선택을, 화살표 점선은 배척을 의미한다면, 이 집단의 스타와 막후와 소외자 등을 파악할 수 있다.

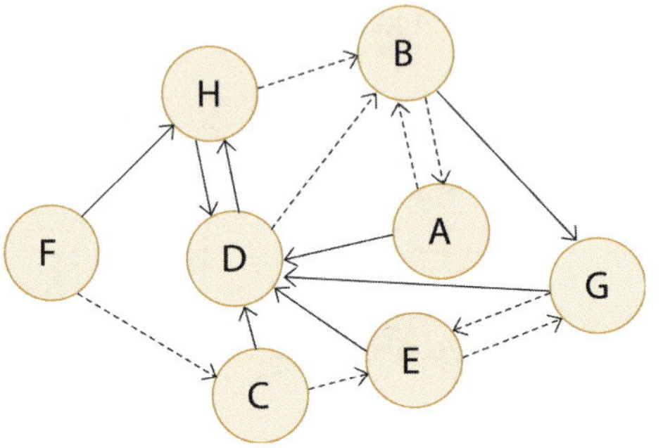

❙그림 4-3❙ 소시오그램의 예

CHAPTER 05

설문지 작성

1. 설문지의 의의와 구성요소
2. 설문지 작성의 과정

CHAPTER 05

설문지 작성

1. 설문지의 의의와 구성요소

1) 설문지의 의의

설문지(questionnaire)는 조사하고자 하는 대상의 속성을 측정하기 위한 도구이다. 즉, 사회과학에서 사회현상이나 인간의 태도 등과 같은 사회심리적인 속성을 측정하는 데에 사용되는 측정도구이다. 연구조사는 결국 설문지를 통해 필요한 자료를 수집하고, 이를 분석하여 결과를 도출함으로써 연구목적을 달성하게 된다. 따라서 연구에 필요한 양질의 자료를 얼마나 잘 수집할 수 있는 설문지를 만드느냐 하는 문제는 연구에 있어서 매우 중요한 부분이다.

많은 경우에 미숙련된 연구자는 성급하게 설문지부터 만드는 경향이 있는데, 잘못된 설문지는 연구 자체를 그르치고 잘못된 연구결과를 도출하는 원인이 될 수 있다. 이렇게 되면 연구자는 이 모든 작업을 처음부터 다시 시작할 수밖에 없는 난감한 지경에 빠질 수 있다. 따라서 설문지 작성은 연구의 성패를 좌우할 만큼 중요한 사안이기 때문에 시간과 노력을 많이 투자해야 한다. 설문지 작성의 품질은 곧 연구의 신뢰도와 타당도를 결정하는 핵심 요소이다.

사회과학 분야에서 다루고자 하는 변수들은 대체로 추상적인 개념이 많으므로 이를 측정할 수 있는 설문지 작성을 위해서는 측정하고자 하는 개념의 명확한 정의와 조작적 정의를 적절히 내려야 하며, 타당성과 신뢰도가 높은 설문지를 만들어야 한다. 또한 가설검증에 필요한 분석기법을 고려한 척도를 이용하여야 한다.

2) 설문지의 구성요소

설문지를 작성할 때는 가능한 한 표준화된 방식을 따르는 것이 원칙이다. 설문지는 조사하고자 하는 현상을 파악하기 위한 일환으로 구체적인 문항으로 나타내야 하며, 응답자로 하여금 모든 문항에 응답하도록 흥미와 동기를 부여하고 응답자의 오류를 최소화해야 한다. 설문지는 응답상의 오류를 방지하고 필요한 정보를 포괄적으로 획득하기 위해서 다음과 같은 다섯 가지 요소로 구성되는 것이 일반적이다.

(1) 응답자에 대한 협조사항

설문지의 제일 앞에 응답자에게 간략하게 조사의 취지와 협조를 부탁하는 안내문을 싣는 것이 일반적이다. 이 부분은 연구자나 조사연구기관의 소개, 조사의 목적에 대해 설명하고 응답내용에 대한 비밀보장과 익명성을 확신시킴으로써 응답자의 응답률을 높이기 위한 것이다. 조사자가 직접 면담을 실시할 경우에는 이 내용을 직접 구두로 설명할 수 있다. 최근에는 연구 윤리 규정 준수를 위해 응답자의 권리(예 언제든지 응답을 중단할 수 있는 권리)에 대한 설명도 포함하는 것이 일반적이다.

예시

"이 설문은 OOO 연구소에서 진행하는 '청년 세대의 삶의 만족도'에 대한 연구입니다. 수집된 모든 정보는 통계적 목적 외에는 사용되지 않으며, 개인 식별이 불가능하도록

> 익명으로 처리됩니다. 설문 참여는 자율적이며, 언제든 중단할 수 있습니다. 바쁘신 와중에 귀한 시간을 내어주셔서 감사합니다."

(2) 식별자료

식별자료(identification data)란 각 설문지를 구분하기 위한 일련번호와 추후의 확인조사를 위한 응답자 번호, 면접자의 이름과 면접일시 등을 기록하는 부분이다. 이 부분은 대체로 설문지의 첫 부분이나 뒷장에 표시한다. 개인정보를 포함하지 않는 고유번호를 부여하여 데이터 관리와 검증을 용이하게 하는 목적이 크다.

> **예시**
>
> 설문지 상단에 '설문지 고유번호 : A24-001-001'과 같이 부여하여, 응답자 정보를 익명으로 유지하면서도 데이터의 추적 및 관리 효율성을 높이는 것

(3) 지시사항(응답요령)

응답자가 설문지의 모든 문항에 대한 응답을 어려움 없이 작성하도록 각 문항별 응답방법이나 순서 등을 제시하고 조사기관이 회수하기까지의 모든 과정에 대한 상세한 지시사항이 수록되는 부분이다. 면접방식을 이용하는 경우에는 면접자들 간의 행위와 태도의 표준화를 위해서 각 설문문항에 구체적인 행동지시사항을 설명한다. 온라인 설문지의 경우, 문항별로 필수 응답 여부를 표시하거나 특정 응답에 따라 다음 질문으로 자동 연결되는 기능을 포함하기도 한다.

> **예시**
>
> 1. "다음 문항에 대해 귀하의 의견과 가장 가까운 번호 하나에만 체크(✓)해 주십시오."
> 2. "다음 문항은 해당하는 항목 모두에 복수 응답이 가능합니다."

(4) 설문문항

이는 설문지 작성의 가장 중요한 부분으로 조사대상의 특성을 파악하기 위한 구체적인 질문들로서 설문지를 구성하는 부분이다. 구체적인 질문문항은 조사의 목적에 따라 차이가 있지만 일반적으로 조사대상자의 개인적 신상에 대한 질문, 그리고 설문조사의 본래 목적과 관련된 조사대상자의 사실, 행동, 의견이나 태도 등에 관한 질문이다. 질문은 명확하고 이해하기 쉬워야 하며, 하나의 질문에 두 가지 이상의 내용을 담는 이중 질문(double-barreled question)이나 유도 질문(leading question)은 피해야 한다.

예시

1. (O) "지난 한 달 동안 영화관에 얼마나 자주 가셨습니까?"
2. (X) "최근 영화관에 자주 가셨습니까? 그리고 영화 관람에 만족하셨습니까?"
3. (X) "정말 좋았던 그 영화를 다시 보실 의향이 있으신가요?" (유도 질문)

(5) 응답자 분류를 위한 자료

응답자의 특성을 파악하기 위한 자료들로 주로 인구통계학적 변수나 사회경제적 위치에 관한 질문이 여기에 포함된다(강영걸 외, 2008). 이때 응답자의 인격이나 사생활이 침해되지 않도록 주의하여 꼭 필요한 항목만을 골라 조심스럽게 질문하여야 한다. 이러한 정보는 주된 연구문제의 결과에 영향을 미치는 배경 변수로서 분석의 깊이를 더하는 데 사용된다. 예를 들어, 특정 태도가 성별이나 연령에 따라 어떻게 다른지 비교 분석하는 데 유용하다.

예시

성별, 연령, 교육수준, 월평균 소득, 직업, 혼인 여부 등

2. 설문지 작성의 과정

설문지는 명확한 절차에 따라 만들어져야 한다. 초안 한 번으로 연구에 필요한 자료를 정확하게 얻기란 어렵기 때문에, 각 단계에서 문제점과 부족한 점을 파악하고 수정하는 과정을 거쳐야만 양질의 설문지를 만들 수 있다. 설문지 작성의 과정은 일반적으로 ❙그림 5-1❙과 같은 절차를 따른다.

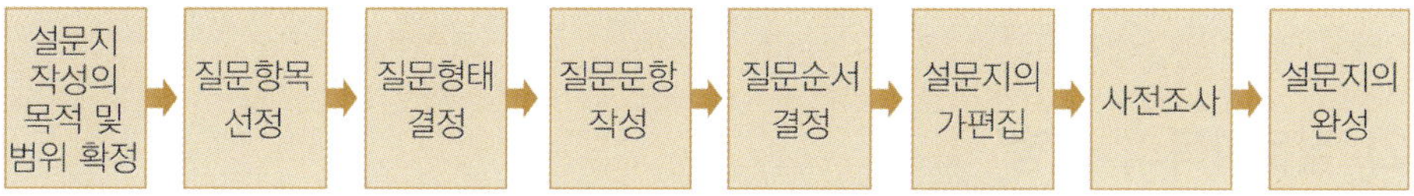

❙그림 5-1❙ 설문지 작성의 절차

다음은 설문지 작성의 각 단계별 수행해야 하는 작업을 설명한 것이다(채구묵, 2005 : 92-120; 채서일, 2005 : 196-213).

1) 설문지 작성의 목적 및 범위 확정

설문지 작성의 첫 단계는 설문지를 통해 얻고자 하는 정보가 무엇인지, 그리고 그 정보가 어떤 연구목적을 달성하는 데 필요한지를 명확히 하는 것이다. 또한 설문지가 적용될 대상(모집단)과 범위도 함께 확정해야 한다. 설문지 작성의 목적과 범위를 명확히 함으로써, 연구자는 불필요한 질문을 제외하고 꼭 필요한 정보만을 수집할 수 있다.

- **목적 확정** : 설문지를 통해 해결하려는 주요 연구문제(research question)를 구체화한다. 예를 들어, '직장인의 일과 삶의 균형(워라밸)에 대한 인식'을 연구주제로 한다면, 설문지의 목적은 '워라밸에 대한 인식, 워라밸 만족도에 영향을 미치는 요인, 그리고 워라밸 향상을 위한 요구사항'

등을 파악하는 것이 될 수 있다.

- **범위 확정** : 조사대상을 누구로 할지 결정한다. 예를 들어, '대한민국 직장인' 전체가 될 수도 있고, '20~30대 IT 업계 종사자'와 같이 특정 집단으로 한정할 수도 있다. 이에 따라 설문지의 내용, 사용되는 언어, 질문의 복잡성 등이 달라진다.

이 단계는 마치 지도를 그리기 전 최종 목적지를 정하는 것과 같다. 목적지가 명확해야만 효율적인 경로를 설정할 수 있기 때문이다.

2) 질문항목의 선정

설문지 작성의 목적과 범위가 확정되었더라도, 구체적으로 어떤 내용을 포함시켜야 할지 결정하는 것은 쉽지 않다. 이 경우 처음부터 세부적인 질문을 만들기보다는, 먼저 설문에 포함될 내용을 큰 범주로 나누고 그 후에 각 범주에 따라 세부 내용을 작성하는 것이 더 효과적이다.

조사 항목(research item)과 조사 항목별 세부 사항을 선정하기 위해서는 연구주제에 대한 충분한 사전지식이 있어야 한다. 이러한 지식은 연구 보고서, 논문, 서적 등 기존 문헌 연구를 통해 얻거나, 관련 전문가와의 인터뷰를 통해 확보할 수 있다. 만약 연구주제가 새로운 것이어서 참고 자료가 부족하다면, 탐색적 조사(exploratory research)를 통해 필요한 정보를 얻는 방법도 있다.

특히 연구가설(hypothesis)이 이미 설정되어 있다면 이 가설이 조사 항목과 세부 사항을 작성하는 주요 기준이 된다. 즉, 가설의 독립변수와 종속변수를 측정할 수 있는 조사 항목과 세부 사항을 구성하면 된다. 이렇게 정리된 항목을 바탕으로 구체적인 질문항목표를 만들고, 이 표를 기준으로 설문문항을 하나씩 만들어 나간다.

조사 항목 및 세부 사항을 선정할 때는 다음 사항을 고려해야 한다.

① **조사의 목적과 관련된 내용만 선정** : 조사에 직접 관계되며 평가나 분석에 이용할 내용만 포함해야 한다. 불필요한 질문은 응답자의 피로도를 높이고 응답률을 낮춘다.

② **중복 항목 배제** : 다른 곳에서 더 정확한 자료를 수집할 수 있는 내용은 설문지에서 제외한다. 예를 들어, 응답자의 소득 정보는 통계청 자료를 참고하거나, 개인정보 침해 가능성이 낮다면 다른 방식으로 접근하는 것이 좋다.

③ **통계 처리 고려** : 양적 조사의 경우, 통계 처리를 염두에 두고 항목을 선정해야 한다. 예를 들어, 연속형 변수(continuous variable)인지, 범주형 변수(categorical variable)인지 등을 고려하여 질문을 구성한다.

④ **솔직한 응답 유도** : 응답자가 솔직하게 대답하기 어려운 민감한 내용은 포함시키지 않거나, 질문 방식을 신중하게 구성해야 한다. 예를 들어, 개인의 일탈 행위나 부정적인 경험에 대한 질문은 익명성이 보장된 방식으로 접근해야 한다.

⑤ **최소한의 문항 수** : 연구목적을 달성할 수 있는 범위 내에서 최소한의 문항 수로 구성하여 응답자가 부담을 느끼지 않도록 해야 한다.

예시

'청소년의 스마트폰 의존도가 학업 성취도에 미치는 영향'이라는 주제를 연구할 때

- 조사 항목 : ① 스마트폰 사용 습관, ② 스마트폰 의존도, ③ 학업 성취도, ④ 통제 변인(연령, 성별 등)
- 세부 사항
  - 스마트폰 의존도 : '스마트폰 사용 시간', '스마트폰 사용에 대한 자제력', '스마트폰 사용 중단 시 불안감' 등을 측정
  - 학업 성취도 : '평균 학점', '최근 시험 성적', '학습 태도' 등을 측정

3) 질문형태 결정

질문할 세부 사항, 즉 질문항목이 정해지면 다음 단계는 응답 문구를 어떤 형태로 할 것인가를 결정하는 것이다. 개방형 질문(open-ended question)을 사용할지, 아니면 응답을 미리 정해놓은 폐쇄형 질문(closed question)을 사용할지 결정해야 한다. 폐쇄형 질문이라면 다지선다형(multiple choice)으로 할지, 양자택일형(dichotomous)으로 할지 등을 결정해야 한다.

질문형태의 선정은 연구주제의 성격, 응답자의 교육수준, 연구의 진행 절차, 그리고 연구자가 의도하는 자료 분석 방법을 고려하여 결정해야 한다. 특히 통계 기법에 맞는 질문형태를 미리 준비하는 것이 중요하다.

질문형태는 크게 개방형 질문과 폐쇄형 질문으로 나뉜다.

(1) 개방형 질문

질문에 대해 응답자가 자유롭게 서술할 수 있도록 하는 질문으로, 자유 응답형 질문이라고도 한다.

- **장점** : 응답자의 깊이 있는 생각이나 의외의 답변을 얻을 수 있다. 탐색적 연구에 특히 유용하다.
- **단점** : 응답 내용이 다양하여 자료를 통계적으로 분석하기 어렵고, 코딩(coding) 작업에 시간과 노력이 많이 든다.

예시

1 "귀하는 다문화가족의 문제해결을 위해 무엇을 우선적으로 지원해야 한다고 생각하십니까?"
2 "귀하의 삶에서 가장 큰 스트레스 요인은 무엇이며, 그 이유는 무엇입니까?"

(2) 폐쇄형 질문

응답자가 응답할 수 있는 내용이 미리 몇 개로 한정되어 있어, 그중 하나를 선택하도록 하는 질문형태이다.

- **장점** : 자료의 정량화와 통계적 분석이 용이하다. 응답 시간이 짧고, 응답자의 부담이 적다.
- **단점** : 미리 정해진 범주 외의 응답을 수집할 수 없어, 응답자의 의견을 충분히 반영하지 못할 수 있다.

① 찬-반식 질문

'예', '아니요'식의 대답을 구하는 방식으로, 간단한 문제나 찬반양론을 묻는 문제에 적합하다.

예시

"귀하는 현재 정부의 무상 보육 정책에 대해 찬성하십니까?" (① 예 ② 아니요)

② 평정식, 리커트 척도식, 누적척도식 질문

평정척도, 리커트 척도, 누적척도(보가더스의 사회적 거리척도, 거트만 척도 등)를 사용하는 질문형태이다.

예시

"나는 내 삶에 전반적으로 만족한다."

(① 매우 불만족 ② 불만족 ③ 보통 ④ 만족 ⑤ 매우 만족)

③ 다항 선택식 질문

여러 개의 항목 중 하나 또는 몇 개를 선택하도록 하는 방법으로, 태도 연속선상에 있는 것과 태도 연속선상에 있지 않는 것으로 나뉜다.

• **태도 연속선상에 있는 것의 예** : (복수 응답 가능)
"사회복지기관의 전문성에 대한 귀하의 의견을 다음 보기 중 세 개를 고르시오"
① 사회복지기관은 전문적인 일만 하고 있다.
② 사회복지기관은 필요로 하는 것을 얻는 데 전문적인 도움을 준다.
③ 사회복지기관에서 수행하는 일은 대체로 전문적이다.
④ 사회복지기관의 업무는 전문적인 것과 비전문적인 것이 절반씩인 형태이다.
⑤ 사회복지기관에서 수행하는 일의 많은 부분은 비전문적인 일들이다.
⑥ 전문사회복지기관인지 일반행정기관인지 모를 정도이다.
⑦ 일반행정기관보다 전문성이 더 부족하다.

• **태도 연속선상에 있지 않는 것의 예** : (복수 응답 가능)
"귀하는 복지기관이 제공하는 서비스에 대한 정보를 어디서 얻었습니까? 다음에서 두 개를 고르시오."
① 텔레비전 ② 라디오 ③ 이웃 ④ 팸플릿 ⑤ 신문 ⑥ 생활정보지
⑦ 친구 ⑧ 서비스 수혜자 ⑨ 기타

④ 서열식 질문

어떤 질문에 대해 가능한 대답을 여러 개 열거해 놓고 중요도, 선호도, 싫어하는 순서 등으로 선택하도록 하는 질문형태이다.

• **카테고리 전부에 대해 서열을 선택하는 경우** :
"다음 보기에서 귀하가 배우자를 선택할 때 가장 중요하다고 생각하는 순서대로 번호를 기입해 주시오."
① 경제력 ( ) ② 성격 ( ) ③ 외모 ( ) ④ 직업 ( )

• **카테고리 일부에 대해 서열을 선택하는 경우** :
"귀하의 지역사회에서 가장 심각하다고 생각되는 문제를 심각한 순서대로 보기에서 그 번호를 골라 세 개만 써주시오."
첫 번째 ( ), 두 번째 ( ), 세 번째 ( )
① 청소년 비행 ② 노인 복지 ③ 주차 문제 ④ 환경 오염 ⑤ 주택 문제

⑤ 부수적 질문

한 문항의 대답이 다음 문항으로의 진행 여부나 질문 내용을 결정하는 조건부(분기형) 질문 방식이다. 앞선 질문의 응답 결과에 따라 이어지는 후속 질문이 달라지므로, 응답자에게 불필요한 질문을 줄이고 조사 효율성을 높일 수 있다. 주로 특정 상황에 해당하는 사람에게만 추가 질문을 할 때 사용된다.

"문 1. 선생님의 직장에는 현재 노동조합이 있습니까?"
① 있다
② 없다 (문 2.로 가십시오)

"문 1-1. 선생님은 현재 노동조합에 가입하고 계십니까?"
① 가입하고 있다.
② 가입자격이 없어서 가입하고 있지 않다.
③ 가입자격이 있지만 가입하고 있지 않다.

4) 질문문항 작성

질문형태를 결정했다면 이제 실제 질문문항을 작성할 차례이다. 미리 준비한 조사 항목별 세부 사항을 질문형태의 문장으로 만들면 된다. 질문문항 작성 시 다음 사항에 주의해야 한다.

- **쉬운 단어와 문장 사용** : 응답자가 쉽게 이해할 수 있도록 어려운 용어나 전문 용어는 피한다.
- **질문과 설명 구별** : 질문은 명확하게 질문으로, 부가적인 설명은 따로 구분하여 제공한다.
- **객관식 질문 권장** : 자료 분석의 용이성을 위해 가능한 한 객관식(폐쇄형) 질문을 활용한다.
- **최소한의 문항 수** : 응답자의 피로도를 줄이고 응답의 질을 높이기 위해 꼭 필요한 질문만 포함한다.

- **명시적이고 직접적인 표현** : 질문의 의도를 명확히 드러내어 응답자가 혼동하지 않도록 한다.
- **이중 질문 피하기** : 하나의 질문에 두 가지 이상의 내용을 담지 않는다. 예를 들어, "당신은 커피와 차를 둘 다 좋아하십니까?"는 잘못된 질문이다.
- **가치 중립적이고 유도 질문 피하기** : 특정 답변을 유도하거나 가치 판단이 들어간 질문은 피해야 한다.
- **응답자의 능력 고려** : 질문의 내용과 난이도가 응답자의 지식 수준이나 인지 능력에 맞는지 확인한다.
- **긍정형 질문 사용** : 부정형 질문은 응답자가 혼란을 느낄 수 있으므로 긍정형 질문으로 바꾸어 작성하는 것이 좋다.
- **응답하기 곤란한 질문 피하기** : 사생활 침해 소지가 있거나 응답자에게 불쾌감을 줄 수 있는 질문은 피하거나, 반드시 필요한 경우 익명성을 철저히 보장해야 한다.
- **간단명료한 질문** : 질문의 핵심이 한눈에 들어오도록 간결하게 작성하는 것이 가장 좋다.

이중 질문 예시

(X) 이중 질문 : "귀하는 복지관 프로그램에 만족하고 있으며, 재참여할 의향이 있으십니까?"
(O) 수정된 질문 : "귀하는 복지관 프로그램에 전반적으로 만족하십니까?" / "향후 복지관 프로그램에 재참여할 의향이 있으십니까?"

5) 질문순서 결정

질문문항들을 작성한 후에는 전체적인 설문지의 흐름을 고려하여 문항들을 적절하게 배치해야 한다. 질문순서 결정 시 다음 사항을 고려하는 것이 좋다.

- **앞부분에 쉬운 질문 배치 :** 설문 초반에 쉽고 일반적인 질문을 배치하여 응답자의 흥미를 유발하고 부담을 줄여준다.
- **뒷부분에 어려운 질문 배치 :** 개인정보, 민감한 태도, 개방형 질문 등 응답하기 어렵거나 시간이 오래 걸리는 질문은 뒤에 배치한다.
- **중요한 질문을 앞쪽에 배치 :** 연구목적에 부합하는 핵심 질문은 초반부에 배치하여 응답자가 설문을 중단하더라도 중요한 정보는 얻을 수 있게 한다.
- **고정 반응 방지 :** 응답자가 특정 패턴(예 '매우 그렇다'에만 계속 체크)으로 응답하는 것을 방지하기 위해 긍정 문항과 부정 문항을 적절히 섞어 배열한다.
- **논리적 연계에 따른 배열 :** 질문의 흐름이 자연스럽도록 논리적인 순서에 따라 문항을 배치한다.

예시

- 초반부 : "귀하의 성별과 연령은 무엇입니까?" (쉬운 질문)
- 중반부 : "청소년 정책에 대한 만족도는?" (중요한 질문)
- 후반부 : "정부가 청소년 정책에 있어 우선적으로 고려해야 할 점은 무엇이라고 생각하십니까? 자유롭게 서술해 주십시오." (개방형 질문)

6) 설문지의 가편집

질문문항 개발과 배치가 완료되면 설문지 초안을 편집하는 단계이다. 설문지 표지에는 연구주제, 연구목적, 연구 참여에 대한 감사 인사, 응답내용의 비밀보장 약속, 조사 기관 및 연락처 등의 내용이 포함되어야 한다. 글자 크기는 응답자의 연령대와 설문지 분량을 고려하여 적절하게 결정해야 하며, 가독성을 높이는 것이 핵심이다.

7) 사전조사

사전조사(pre-test)는 본조사에 들어가기 전에 초안 설문지를 본조사와 동일한 절차와 방법으로 소수의 응답자에게 시험해 보는 과정이다. 이를 통해 내용, 질문형태, 질문문항 작성, 질문순서 등에서 발생할 수 있는 오류를 미리 발견하여 수정할 수 있다. 사전조사는 설문지의 완성도를 높이고, 본조사를 효율적으로 진행하는 데 필요한 정보를 수집하는 중요한 단계이다.

예시

청년들의 주거 불안정성에 대한 설문지를 제작했다면, 20명 내외의 청년층을 대상으로 설문지를 작성하게 하고, 질문의 의미가 모호하거나 응답하기 어려운 부분이 있는지 피드백을 받아 수정하는 과정

8) 설문지의 완성

사전조사가 끝나면 발견된 문제점을 바탕으로 필요한 수정과 편집을 거쳐 설문지를 최종 완성하고 인쇄한다. 인쇄물은 응답자에게 호감을 주고 설문이 중요하다는 인식을 심어줄 수 있도록 표지, 용지, 활자, 크기, 공간 등 여러 면에서 신중한 고려가 필요하다.

CHAPTER 06

측정의 신뢰도와 타당도

1. 신뢰도의 측정방법
2. 타당도의 측정방법
3. 신뢰도와 타당도의 관계
4. 타당도와 신뢰도에 영향을 미치는 요인

06 CHAPTER 측정의 신뢰도와 타당도

설문지가 완성되면 사용하기 전에 반드시 설문지의 신뢰도와 타당도를 검증해야 한다. 설문지는 사회과학에서 조사대상을 측정해 내는 측정도구이다. 측정도구는 측정을 정확하게 할 수 있고, 측정하고자 하는 개념을 측정해 내기에 적합한 도구여야 한다. 예를 들어, 몸무게를 측정하는 데 사용되는 저울이 정확하지 않거나, 몸무게를 측정하는 데 부적합한 혈압계를 사용한다면 올바른 몸무게 측정이 불가능할 것이다. 마찬가지로, 잘못된 설문지를 사용했을 때 아무리 객관적으로 자료를 수집하고 정확하게 분석했다 하더라도 그 결과는 신뢰할 수 없고 무용지물이 될 것이다.

측정도구, 즉 설문지가 갖추어야 할 핵심적인 요소는 신뢰도(reliability)와 타당도(validity)이다. 신뢰도는 개발된 측정도구가 동일한 개념에 대해 측정을 반복했을 때 동일한 결과가 나올 수 있는 정도를 말하며, 이는 측정의 일관성을 의미한다. 타당도는 측정도구가 조사하고자 하는 개념이나 속성을 얼마나 정확하게 측정했는가를 말하며, 이는 측정의 정확성, 즉 측정한 값과 대상의 진정한 값과의 일치 정도를 의미한다.

이러한 신뢰성과 타당성의 개념은 오차(error)와 관련이 있다. 측정값은 '진정한 값 + 오차'로 구성되는데, 신뢰도는 비체계적 오차(random error)가 얼마나 작은지를, 타당도는 체계적 오차(systematic error)와 비체계적 오차가 얼마나 작은지를 보여준다.

1. 신뢰도의 측정방법

신뢰도를 측정하는 방법에는 여러 가지가 있으며, 여기서는 재검사법, 복수양식법, 반분법, 크론바흐 알파(Cronbach's Alpha)에 대해 알아본다.

1) 재검사법

재검사법(test-retest method)은 동일한 측정도구를 동일한 사람에게 일정한 시간 간격을 두고 두 번 조사하여 그 결과를 비교하는 방법이다. 신뢰도는 첫 번째 측정값과 두 번째 측정값 간의 상관계수(correlation coefficient)로 측정한다. 상관계수가 높을수록 신뢰도가 높다.

(1) 장점

간단하게 적용할 수 있다.

(2) 단점

① **기억 효과** : 첫 번째 응답을 기억하여 두 번째 조사에서도 똑같이 응답할 가능성이 있어 신뢰도가 과대평가될 수 있다.
② **성숙 효과** : 조사 기간이 길 경우 응답자의 특성이 변할 수 있어 신뢰도가 낮게 평가될 수 있다. 예를 들어, 우울증 척도를 1년 간격으로 재검사하면, 그 사이 응답자의 우울증 정도가 실제로 변했을 수 있다.
③ **외생 변수** : 두 번의 조사 사이에 발생한 외부 사건이 응답에 영향을 미쳐 결과가 달라질 수 있다.

2) 복수양식법

복수양식법(multiple forms technique)은 유사한 형태의 2개의 측정도구를 이용하여 동일한 측정 대상을 동시에 측정한 후, 두 측정값의 상관관계를 분석하여 신뢰도를 측정하는 방법이다.

(1) 장점

재검사법의 기억 효과나 외생 변수의 영향을 배제할 수 있다.

(2) 단점

① **도구 제작의 어려움** : 완전히 동일하면서도 다른 2개의 측정도구를 만드는 것이 현실적으로 매우 어렵다.

② **판단의 어려움** : 신뢰도가 낮게 나올 경우 설문지 자체의 문제인지 두 양식 간의 차이 때문인지 구분하기 어렵다.

3) 반분법

반분법(split-half method)은 하나의 측정도구 문항을 임의로 2개의 부분으로 나눈 뒤, 각 부분을 독립된 두 척도로 간주하여 두 부분 간의 상관관계를 분석하는 방법이다. 일반적으로 짝수 문항과 홀수 문항으로 나누는 방식이 사용된다.

(1) 장점

재검사법의 문제점(기억 효과, 외생 변수)을 극복할 수 있다.

(2) 단점

문항을 어떻게 나누느냐에 따라 상관계수가 달라질 수 있어 일관성이 떨어진다.

4) 내적 일관성 측정법 : 크론바흐 알파(α) 계수 계산법

동일한 개념을 측정하기 위해 여러 문항을 사용할 경우 모든 문항 간의 상관관계 평균을 이용하여 신뢰도를 측정하는 방법이다.

(1) 기본 원리

모든 문항들이 같은 개념을 일관성 있게 측정하고 있다면, 문항들 간의 상관관계가 높을 것이라는 논리에 기반한다.

(2) 해석

크론바흐 알파 계수는 0에서 1 사이의 값을 가지며, 일반적으로 0.6 이상이면 신뢰도가 높다고 판단한다.

(3) 장점

한 번의 조사로 신뢰도를 측정할 수 있으며, 현재 가장 널리 사용되는 방법이다.

(4) 단점

문항 수가 많아질수록 알파 계수가 높아지는 경향이 있어, 문항 수가 많다고 무조건 신뢰도가 높다고 단정할 수 없다.

2. 타당도의 측정방법

타당도는 크게 내용 타당도, 기준 타당도, 구성 타당도 세 가지로 분류된다.

1) 내용 타당도

내용 타당도(content validity)는 측정도구에 포함된 문항들이 측정하려는 개념의 모든 측면을 얼마나 대표성 있게 포함하고 있는지를 주관적으로 평가하는 방법이다.

(1) 특징

통계적 검증이 불가능하며, 주로 전문가의 주관적 판단에 의존한다.

예시

'직무 만족도'를 측정하는 설문지가 직무 내용, 보상, 동료 관계, 근무 환경 등 만족도와 관련된 모든 핵심 영역을 균형 있게 다루고 있는지를 전문가가 평가하는 것

(2) 한계

주관적인 판단에 의존하므로 객관성이 낮다. 하지만 측정도구의 타당도를 검증하는 가장 기본적인 출발점이다.

2) 기준 타당도

기준 타당도(criterion-related validity)는 측정도구의 측정값이 이미 존재하고 있는 신뢰할 만한 외부 기준(criterion)과 얼마나 부합하는지를 통계적으로 검증하는 방법이다.

(1) 장점

통계적 검증이 가능해 객관성이 높다.

(2) 종류

① **동시 타당도**(concurrent validity) : 측정도구의 측정값과 현재 시점의 외부 기준값 간의 상관관계를 확인한다.

> **예시**
>
> 새로 개발한 영어 시험 점수와 기존에 신뢰성이 입증된 토익(TOEIC) 점수 간의 상관관계를 분석하여, 두 점수가 높게 연관되어 있다면 새로 개발한 시험의 동시 타당도가 높다고 판단한다.

② **예측 타당도**(predictive validity) : 측정도구가 미래의 어떤 결과를 얼마나 잘 예측하는지를 확인한다.

> **예시**
>
> 수능 시험 점수(측정값)가 높은 학생이 대학에 진학하여 학점(미래의 결과)도 높게 받는다면, 수능 시험은 예측 타당도가 높다고 볼 수 있다.

3) 구성 타당도

구성 타당도(construct validity)는 측정하고자 하는 추상적인 개념(construct)이 측정도구에 의해 실제로 제대로 측정되었는지를 검증하는 방법이다.

(1) 특징

추상적 개념과 측정 지표 간의 논리적 일치성을 통계적으로 검증하는 가장 복잡하고 심도 있는 방법이다.

(2) 종류

① **수렴 타당도**(convergent validity) : 동일한 개념을 측정하는 경우, 다른 측정도구를 사용하더라도 측정값은 서로 유사해야 한다는 논리이다.

> **예시**
>
> '우울증'을 측정하는 2개의 다른 척도(예 벡(Beck) 우울척도와 CES-D)를 사용하여 얻은 점수가 서로 높은 상관관계를 보인다면, 수렴 타당도가 높다고 할 수 있다.

② **판별 타당도**(discriminant validity) : 서로 다른 개념을 측정하는 경우, 동일한 측정도구를 사용하더라도 측정값 간에 차별성을 나타내야 한다는 논리이다.

> **예시**
>
> '우울증 척도'와 '자아존중감 척도'가 서로 낮은 상관관계를 보여야 한다. 만약 두 척도의 점수가 높게 연관되어 있다면, '우울증 척도'가 우울증만을 정확히 측정하고 있다고 보기 어렵다.

(3) 측정방법

다속성-다측정법(multitrait-multimethod matrix), 요인 분석(factor analysis) 등을 활용하여 문항들 간의 상관관계, 하위 요인과의 관계 등을 분석한다.

3. 신뢰도와 타당도의 관계

신뢰도와 타당도는 서로 밀접한 관계를 가진다.

신뢰도가 높다고 해서 반드시 타당도가 높은 것은 아니다. 일관성 있게 측정하더라도 측정 대상이 본래 측정하고자 하는 것이 아닐 수 있기 때문이다.

타당도가 높으려면 반드시 신뢰도가 높아야 한다. 정확하게 측정하려면 매번 일관된 결과가 나와야 하기 때문이다.

이러한 관계는 사격의 과녁으로 비유할 수 있다.

- **신뢰도 낮음, 타당도 낮음** : 화살이 과녁에 무작위로 흩어져 있다.
- **신뢰도 높음, 타당도 낮음** : 화살이 한 곳에 모여 있지만, 과녁의 중심이 아닌 다른 곳에 박혀 있다.
- **신뢰도 높음, 타당도 높음** : 화살이 과녁의 중심에 모여 있다.

결론적으로, 신뢰도는 타당도를 위한 필요조건(necessary condition)이지만 충분조건(sufficient condition)은 아니다. 즉, 신뢰도 없는 타당도는 불가능하다.

┃그림 6-1┃ 신뢰도와 타당도의 관계 1

┃그림 6-2┃ 신뢰도와 타당도의 관계 2

4. 타당도와 신뢰도에 영향을 미치는 요인

1) 측정 오차

측정 오차는 측정 대상의 참값과 측정도구를 통해 얻은 측정값 사이의 차이를 의미한다. 사회과학에서는 측정 대상이 추상적이거나 복잡한 경우가 많아 측정 오차가 흔하게 발생한다. 이러한 오차는 다양한 원인에서 비롯되며, 크게 체계적 오차와 비체계적 오차로 나뉜다.

측정 오차의 원인은 다음과 같다.

① **측정 대상자의 상태 변화** : 응답자의 기분, 건강 상태, 피로도 등이 측정 결과에 영향을 미칠 수 있다.

② **환경적 요인** : 시끄럽거나 산만한 환경은 응답자의 집중력을 떨어뜨려 오차를 유발할 수 있다.

③ **측정방법의 문제** : 설문지 질문이 애매모호하거나, 응답자가 모르는 내용이 포함되어 있을 경우 정확한 응답을 얻기 어렵다.

④ **측정자와 응답자의 상호작용** : 측정자의 태도나 신분이 응답에 영향을 미칠 수 있다.

⑤ **실수** : 응답자의 단순한 실수나 데이터 부호화 과정에서의 오류도 오차의 원인이 된다.

2) 체계적 오차

체계적 오차(systematic error)는 특정 방향으로 일관되게 나타나는 오차로, 측정값이 모두 높아지거나 모두 낮아지는 편향을 보인다. 이러한 오차는 타당도에 직접적인 영향을 미친다. 즉, 체계적 오차가 크면 타당도는 낮아진다.

체계적 오차의 원인은 다음과 같다.

① **인구통계학적/ 사회경제적 특성으로 인한 오차** : 성별, 학력, 소득, 문화적 배경 등 응답자의 고유 특성이 응답에 편향을 유발할 수 있다.

> **예시**
>
> 학력이 높은 응답자가 설문문항의 앞쪽에 있는 답을 선호하는 경향(선행 효과)이나, 특정 사회적 지위의 응답자가 사회적으로 바람직한 답변을 선택하려는 경향 등이 있다.

② **개인적 성향으로 인한 오차** : 응답자 개인의 습관적인 성향으로 인해 발생하는 오차이다.

- **관용의 오차**(Leniency error) : 특정 대상이나 문제에 대해 무조건 긍정적으로 평가하는 경향
- **가혹의 오차**(Strictness error) : 무조건 부정적으로 평가하는 경향
- **중앙 집중 경향의 오차**(Central tendency error) : 극단적인 답변을 피하고 항상 중간값을 선택하는 경향
- **후광 효과**(Halo effect) : 어떤 대상의 한 가지 속성에 대한 강한 인상이 다른 모든 속성까지 긍정적 또는 부정적으로 평가하도록 영향을 미치는 것

3) 비체계적 오차

비체계적 오차(random error)는 특정한 방향성 없이 무작위로 발생하는 오차로, 측정값의 일관성을 떨어뜨려 신뢰도에 영향을 미친다. 비체계적 오차가 크면 신뢰도는 낮아진다. 이러한 오차는 일시적이고 우연한 상황에 의해 발생하므로 통제하기가 쉽지 않다.

비체계적 오차의 원인은 다음과 같다.

① **측정자로 인한 오차** : 측정자의 일시적인 컨디션이나 태도 변화

② **측정 대상자로 인한 오차** : 응답자의 기분, 집중력 저하 등

③ **측정 상황적 요인** : 측정 시점에 갑자기 발생한 소음, 방해 등

④ **측정도구로 인한 오차** : 설문지 인쇄 상태 불량, 잘못된 질문 형식 등

4) 비체계적 오차를 줄이는 방법(신뢰도 제고 방안)

비체계적 오차를 줄여 신뢰도를 높이기 위해서는 다음의 방법을 사용할 수 있다.

① **측정도구 내용의 명확화** : 설문문항의 용어를 명확하게 정의하고 응답자가 혼동하지 않도록 구체적이고 간결하게 작성한다.

② **측정 항목 수 증가** : 동일한 개념을 측정하는 항목의 수를 늘리면 개별 항목의 무작위 오차가 상쇄되어 전체적인 신뢰도가 높아진다.

③ **측정 과정의 일관성 유지** : 면접이나 관찰 시 여러 명의 측정자가 참여할 경우 측정자 간의 일관성을 확보하기 위한 교육과 훈련이 필수적이다.

④ **응답자의 흥미 유발** : 응답자가 잘 모르거나 관심 없는 주제는 측정하지 않거나 질문의 난이도를 조절하여 응답의 성의를 높인다.

⑤ **반복 및 유사 질문 활용** : 동일하거나 유사한 질문을 설문지의 여러 곳에 배치하여 응답의 일관성을 확인하고 신뢰도를 검증한다.

⑥ **신뢰도 높은 기존 도구 사용** : 이미 신뢰도가 검증된 기존의 측정도구를 활용하면 비체계적 오차를 줄일 수 있다.

⑦ **측정자에 대한 교육과 훈련** : 측정자에게 측정도구에 대한 교육과 훈련을 통해 사전교육을 철저히 하면 비체계적 오차를 줄일 수 있다.

CHAPTER 07

표본추출

CHAPTER 07

표본추출

1. 표본추출의 의의

설문지가 작성되고 신뢰도, 타당도 등 설문지의 적합성에 대한 검증이 끝나면 누구를 대상으로 조사를 해야 할 것인가를 결정해야 한다. 조사하고자 하는 조사대상의 총체를 모집단(population)이라 하는데, 여기서 조사대상을 모집단 전체를 대상으로 하여 조사하는 것을 전수조사(complete enumeration)라 하고, 모집단의 일부만을 뽑아서 조사하는 것을 표본조사(sample survey)라 한다. 이때 모집단의 일부를 표본(sample)이라 하고, 모집단의 일부를 뽑아내는 것을 표본추출(sampling) 혹은 표집이라고 한다.

전수조사의 경우 조사대상 전체, 즉 모집단을 정확하게 파악할 수 있다는 장점이 있지만 현실적으로 시간과 비용이 너무 많이 들고, 또 모집단의 규모가 방대하고 큰 경우는 오히려 비표집오차(nonsampling error)가 클 수 있기 때문에 모집단이 아주 적은 경우를 제외하고는 대부분 표본조사를 통하여 모집단의 특성을 추정한다. 잘 계획된 표본조사는 표집오차만 줄여준다면 전수조사보다 더 신뢰할 만한 조사결과를 얻을 수 있고 효과적이기 때문에 사회조사에서는 인구센서스와 같은 특수한 경우를 제외하고는 거의 대부분 표본조사를 실시한다고 보면 된다. 다만, 표본을 추출할 때 중요한 것은 모집단에 대한 표본의 대표성과 표본결과를 모집단의 결과로 일반화하는 문제이다. 이를 위해서 중요한 두 가지 과정이 표본추출방법과 표본의 크기를 결정하는 것이다.

2. 표본추출의 과정

표본추출은 모집단 확정, 표집틀 선정, 표집방법 결정, 표본크기 결정, 표본추출의 5단계로 이루어진다.

그림 7-1 **표본추출의 과정**

1) 모집단 확정

연구목적에 부합되는 자료를 얻기 위해서는 가능한 한 정확한 모집단의 규정이 필요하며, 모집단을 정확히 규정하기 위해서는 다음과 같은 네 가지 요소를 명확하게 확정해야 한다(채서일, 2005 : 220-221).

① 연구대상

정보가 얻어지는 단위로서 분석의 기초가 된다. 연구대상은 연구목적에 의해서 결정되며, 사회과학의 표본조사에서 가장 일반적인 연구대상은 개인, 집단, 조직이다.

② 표집(표본추출)단위

표본추출 단계에서 표본으로 추출될 수 있는 요소들을 말한다.

③ 범위

모집단의 규정이 연구결과의 타당성과 신뢰성의 평가에 매우 중요한 기준이 되므로 모집단을 너무 작지도 크지도 않은 적정한 수준에서 결정해야 한다.

④ 시간과 공간

시간적・공간적인 경계선도 모집단의 규정에 포함되어야 한다.

예를 들어, 모집단을 서울시 전체 인구로 한다면 서울시에 주민등록을 둔 사람들로 할 것인지, 서울시에 거주하는 사람들로 할 것인지를 명확히 규정해야 할 것이다. 그리고 만일 과거 서울에 살았던 사람이라고 가정한다면 한 번이라도 살았던 사람을 말하는지 아니면, 적어도 10년 이상은 살았던 사람을 두고 하는 말인지, 또한 현재 살고 있는 사람은 포함되지 않는지 등을 분명하게 규정해야 한다.

이 예에서 연구대상을 가족으로 한다면, 표본단위는 가족 중 가장으로 할 것인지, 가족구성원 전체로 할 것인지도 명확히 규정해야 한다. 물론 여기서 모집단의 범위는 서울시가 된다.

2) 표집(표본추출)틀 선정

표집틀(sampling frame)이란 연구대상이나 표본단위가 수록된 목록이다. 이상적인 표집틀은 모집단을 잘 대표하고 있어야 한다. 다시 말해, 표본단위가 모두 포함되어야 하며, 중복으로 포함되는 단위가 없어야 한다. 연구대상에 대해서 정확하고 완전한 정보를 포함하고 있을수록 좋은 표집틀이 된다. 예를 들면, 학생출석부, 상담명부, 서울시 전화번호부 등은 하나의 표집틀이 될 수 있다.

3) 표집(표본추출)방법 결정

표본추출방법은 크게 확률표집과 비확률표집으로 나누어진다. 확률표집은 모든 연구대상이 표본으로 추출될 확률이 알려져 있고, 표본 구성요소들을 추출하기 위하여 무작위적인 방법을 사용한다. 반면 비확률표집은 표본으로 추출될 확률을 정확히 알 수 없고 연구대상에서 조사자의 임의대로 표본을 추출한다. 이 방법은 모집단에 대한 정보를 가지고 있지 않는 경우에 사용하지만, 때때로 모집단에 대한 정보를 가지고 있다고 해도 상황에 따라서는 비확률표집을 사용하기도 한다.

(1) 확률표집

확률표집(probability sampling)은 각각의 요소(표집단위)가 모집단으로부터 표본으로 추출될 확률을 알 수 있는 표집방법이다. 확률표집은 비확률표집보다 더 대표성 있는 표본을 얻을 수 있고, 신뢰수준에 따른 표본오차를 계산할 수 있다. 즉, 조사결과에 대한 통계처리에 의해 모집단의 특성을 몇 퍼센트의 확신을 가지고 ± 얼마 정도 오차범위 안에서 예측할 수 있는가를 계산할 수 있다. 또한 무작위 추출방법을 사용하기 때문에 객관적인 표본추출이 가능하다는 장점이 있다. 이렇게 본다면, 모집단의 특성을 잘 측정해내기 위해서는 확률표집이 바람직하다는 사실을 알 수 있다. 그럼에도 불구하고 확률표집은 비확률표집에 비해 시간과 비용이 많이 들고, 시행상 어려움이 종종 있기 때문에 현실적으로는 비확률표집을 선택하는 경우도 많다.

확률표집의 종류로는 단순무작위표집, 체계적 표집, 층화표집, 집락표집 등이 있다.

① 단순무작위표집

단순무작위표집(simple random sampling)은 아무런 인의적인 조작 없이 표본을 추출하는 방법이다. 이 경우에 모집단의 모든 요소(표집단위)는 표본으로 선택될 동등한 기회를 갖도록 해야 한다.

단순무작위표집의 절차는 우선 모든 사례를 표집틀(명부 또는 목록표)에 열거하고, 그 표집틀에서 각 사례에 번호를 매긴 후 조사자가 제비 뽑는 것과 같이 단순히 무작위로 표본을 선출한다.

단순무작위표집은 모든 요소가 동등하게 추출될 확률을 가지므로 편견이 개입될 수 없고, 모집단에 대한 사전지식을 필요로 하지 않는다는 점, 그리고 표본오차의 계산이 용이하다는 점이 장점이다. 그러나 다음과 같은 단점이 있다. 첫째, 조사자가 모집단에 대해 가지고 있는 지식을 충분히 활용할 수 없다. 둘째, 동일한 크기의 표본일 경우 층화표집보다 표본오차가 크다. 즉, 표본오차는 어느 정도 표본의 이질성 때문에 발생하는데 층화표집에서의 각 층은 주요 특성에 있어서 단순무작위표집의 모집단보다 상대적으로 동질적이기 때문이다. 셋째, 모집단에서 그 수가 적은 요소는 표본으로 추출될 보장이 없으며, 따라서 표본의 규모가 커야 한다. 넷째, 모집단의 목록을 만들고 번호를 부여하는 작업 등 현실적으로 많은 노력이 소요된다.

② 체계적 표집

체계적 표집(systematic sampling)은 계통적 표집이라고도 하며 모집단의 목록에서 매 K번째의 요소를 표본으로 추출하는 방법이다. 이것의 표집절차는 다음과 같다.

첫째, 전체 모집단의 숫자를 표본의 숫자로 나눈다. 이때 나타나는 결과가 모집단 목록에서 표본으로 추출되는 간격 'K'가 된다.

둘째, 1~K 사이의 숫자 가운데 한 숫자를 무작위로 선정한다.

셋째, 첫 번째 무작위로 선정된 숫자를 필두로 해서 매 K번째 요소들을 표본으로 선정하면 체계적 표집이 완성된다.

체계적 표집의 장점은 표본추출이 용이하며, 모집단 전체에 걸쳐 보다 공평하게 표본이 추출되므로 모집단을 보다 잘 대표할 수 있다는 점이다. 그러나 모집단 배열이 일정한 주기성이나 특정 경향성을 가지고 있을 때에는 표본의 대표성이 문제가 될 수 있다.

③ 층화표집

층화표집(stratified sampling)은 동질적인 집단 내의 표집오차가 이질적인 집단의 표집오차보다 더 작다는 확률분포 논리에 기초하여, 모집단을 보다 동질적인 몇 개의 층으로 나누고 각 층으로부터 단순무작위표집 또는 체계적 표집을 하는 방법이다. 이 방법은 표집과정을 더욱 효율적으로 만들기 위해, 다시 말해 표본조사 결과의 정밀도를 확보하는 데 필요한 표본의 수를 적게 하기 위해 표집을 하기 전에 모집단에 대해 이미 알려진 지식을 이용하여 모집단을 특징에 따라 층화하여 그 층의 비율에 따라 표집하는 것이다. 예를 들어, 어떤 대학의 학생 수가 10,000명이고 남녀의 구성비가 4 : 6이라면, 여기서 표본을 100으로 하고 싶을 때 10,000명에서 무작위로 100명을 표집하는 것보다 남학생 40명, 여학생 60명을 표집하는 것이 보다 정밀도를 확보할 수 있다는 것이다.

층화표집의 장점은 ① 중요한 집단을 빼지 않고 표본에 포함시킬 수 있고, ② 일정한 정밀도를 보다 적은 수의 표본으로 확보할 수 있다는 점이다. 이 점은 곧 비용이 적게 드는 것을 의미한다. 반면 단점은 ① 층화 시 모집단에 대한 어느 정도의 지식이 있어야 하고, ② 층화 시 초점을 어디에 두고 분류해야 하는지 하는 문제가 제기되고, ③ 각 층에 대한 목록이 필요하며, ④ 타 표집방법에 비해 그 과정이 복잡한 편이다.

층화표집에는 비율적 층화표집(비례층화표집), 비비율적 층화표집(비비례층화표집)이 있다.

- **비율적 층화표집** : 비례층화표집은 각 층의 표집비율을 동일하게 하는 것이다. 예를 들어, 어떤 모집단이 부유층 600명, 중산층 300명, 서민

층 100명으로 구성되어 있고, 여기서 단순무작위표집으로 100명을 표집한다면 표본으로 추출된 인원이 정확하게 부유층 60명, 중산층 30명, 서민층 10명이 되지는 않을 것이다. 특히 서민층의 표본비율은 너무 많거나 적을 경우가 많다. 이 경우 각 층별로 1/10의 표집비율에 의해 비율적으로 표집하는 것이 무작위표집을 하는 것보다 더 신뢰성 있는 결과를 얻을 수 있을 것이다.

- **비비율적 층화표집** : 비비례층화표집은 각 층에서 표집을 비율적으로 하는 것이 아니라 필요시 그 층의 집단의 특성을 충분히 알 수 있을 만큼 표집하고, 그 후 결과에 대해서는 각 층이 차지하는 비율에 따라 가중치를 부여하는 방법이다. 이 경우는 층화된 층의 집단 중 모집단에서 차지하는 비율이 극히 작아서 비율적 층화표집만으로는 특성을 알기가 충분하지 않을 때 사용한다. 예를 들어, 앞의 예에서 각 층의 비율과 관계없이 우선 부유층 40명, 중산층 40명, 서민층 40명을 추출하여 표본으로 삼고, 이후에 이 표본의 결과를 가지고 모집단의 평균소득을 보다 정확하게 추정하기 위해서 각 층의 평균소득에 적절한 가중치, 즉 부유층 '6', 중산층 '3', 서민층 '1'을 곱하여 계산한다. 즉, 모집단의 평균소득을 (부유층 평균소득×6)+(중산층 평균소득×3)+(서민층 평균소득×1)/10(가중치의 합)으로 계산할 수 있다.

④ 집락표집

집락표집(cluster sampling)은 군집표집이라고도 하며, 모집단을 집락이라 부르는 몇 개의 집단으로 나누고, 이 중 일부 집단을 무작위로 선정하여 최종 선택된 집단에서만 표본을 무작위 추출하는 방법이다. 집락표집은 모집단이 넓은 지역에 퍼져있거나 여러 조직에 넓게 퍼져있어서 표집틀을 만들 수 없을 때 유용하다.

여기서 집락이란 모집단 요소의 집합체라고 할 수 있는데, 학생을 표본으로 추출하고자 한다면 학교가 집락이 되고, 전체 인구를 모집단으로 할 때는 시·군·구와 같은 기초자치단체가 집락이 될 것이다.

집락표집의 방법은 일반적으로 상위집락에서 하위집락으로 다단계식으로 이동하면서 표본단위들을 무작위로 추출한다. 상위집락에서 하위집락을 선정할 때에도 무작위로 선택한다.

집락표집의 장점은 시간과 비용을 절감할 수 있고, 전체 모집단의 목록표를 작성하지 않아도 된다는 점이다. 즉, 선택된 집락의 목록만 작성하면 된다. 반면 단점은 집락이 비동질적이면 오차의 개입 가능성이 높으며, 단순무작위표집보다 특정 집단의 특성을 과대 또는 과소하게 나타낼 위험성이 높다.

(2) 비확률표집

비확률표집은 모집단 각각의 요소가 표본으로 추출될 확률을 알 수 없는 표집방법이다. 비확률표집은 모집단 자체의 범위를 한정할 수 없거나 시간, 비용, 인력이 충분치 못할 경우 확률표집의 대안으로 사용한다. 따라서 표집절차가 단순하고 어렵지 않으며 비용이 적게 든다는 장점이 있다. 그러나 비확률표집은 표집오차를 산정할 수 없고, 표본이 모집단을 충분히 대표한다고 볼 수 없기 때문에 연구의 일반화에 제한점이 있다고 할 수 있다.

비확률표집으로 임의표집, 유의표집, 할당표집, 눈덩이표집이 있다.

① 임의표집

임의표집(accidental sampling)은 편의표집(convenient sampling)이라고도 하며, 표본을 선정할 때 조사자의 임의대로 쉽고 편리하게 조사대상자를 표본으로 추출하는 방법으로 걸거리 조사가 좋은 예다. 즉, 현 정부의 국정만족도를 조사하기 위해 시장이나 백화점 앞에서 지나가는 사람들에게 필요한 수만큼 닥치는 대로 조사를 실시하는 것이 임의표집에 해당된다.

임의표집은 신속한 조사결과를 요할 경우에 유용하며 비용이 적게 들고 간편한 반면, 대표성이 떨어지므로 일반화가 어렵고 접근이 용이한 조사대상만 선정하므로 표본이 편중되기 쉬우며 오차의 개입을 방지하거나 평가할 수 있는 방법이 없다.

② 유의표집

유의표집(purposive sampling)은 판단표집(judgemental sampling)이라고도 하며, 연구자가 연구목적과 관련해 특정 특성을 지닌 사람이나 집단이 모집단을 대표한다고 판단되는 경우, 그 대상자들을 의도적으로 표본으로 추출하는 방법이다. 이 방법은 사전에 모집단의 구성이나 특성에 대해 충분한 지식을 가지고 있을 때 가능하다.

예를 들어, 현 정부의 국정만족도 중에서도 특히 서민층의 만족도를 조사하고자 한다면, 연구자는 서민층이 많이 분포한 지역(예 재래시장, 인력시장 등)을 의도적으로 선택하여 그곳의 응답자를 중심으로 표본을 구성할 수 있다. 이처럼 연구자가 연구목적에 부합하는 특정 범주의 응답자를 '의식적으로' 선택하는 경우가 유의표집에 해당한다.

유의표집의 장점은 표본추출에 드는 비용이 적고, 모집단에 대한 일정한 지식이 있는 경우 표본추출이 편리하며 비교적 연구목적에 맞는 자료를 얻을 수 있다는 점이다. 또한 임의표집이나 할당표집보다 연구의 초점에 맞는 요소를 표본에 포함시킬 가능성이 높다. 이러한 이유로 예비조사나 탐색적 연구에서 자주 활용된다. 그러나 단점으로는 모집단에 대한 사전지식이 충분히 필요하며, 표본오차의 계산이 불가능하고, 연구자가 대표성을 주장하더라도 이론적으로 대표성을 보장할 근거가 부족하다는 한계가 있다.

③ 할당표집

할당표집(quota sampling)은 모집단의 속성을 반영한 할당표에 따라 각 범주에 할당된 표본 수를 임의표집하는 방법이다. 층화표집과 유사하지만 할당된 표본의 수를 무작위표집하지 않고 임의표집한다는 것이 다르다.

할당표집의 장점은 비용이 적게 들고, 신속한 결과를 원할 때 적절하며, 각 집단을 적절히 대표하게 하는 층화의 효과가 있다는 점이다. 반면 단점은 무작위성을 보장하는 수단의 결여로 일반화가 어렵고, 임의로 표집하기 때문에 편견이 개입될 수 있으며, 표집오차가 클 뿐 아니라 정확한 계산이 불가능하다는 점이다.

④ 눈덩이표집

눈덩이표집(snowball sampling)은 처음 단계에서 몇몇 소수의 표본으로부터 점차 표본을 늘려가는 표집방법이다. 즉, 눈덩이를 굴려서 키우듯이 표본을 누적적으로 늘려가는 표집방법이다. 처음 1~2명의 표본을 추출한 후, 이들을 통해 3~4명의 다른 표본을 소개받고, 또 소개받은 사람들을 통해 표본을 계속 누적으로 늘려가서 원하는 표본 수가 확보되든지 새로운 표본을 얻을 수 없을 때 표집을 중단한다.

눈덩이표집은 연구자가 특수한 모집단의 구성원을 전부 파악하고 있지 못할 때, 다시 말해 표집틀이 없을 때 적합한 방법으로, 연구하고자 하는 주제에 대해 별로 알려진 것이 없을 때 실시하는 탐색적 연구에서 많이 이용된다.

이 표집의 장점은 하나의 연결망을 가진 사람들의 특성을 파악하고자 할 때 유용하고, 모집단을 파악하기 곤란한 대상을 표본추출할 수 있으며, 연구문제가 새로운 분야이므로 이와 관련한 정보가 별로 없을 때 이용할 수 있는 탐색적 조사에 적합하다는 점이다. 그러나 결과의 일반화가 어렵고, 다른 표집방법에 비해 조사자의 통제력이 약하다는 단점이 있다.

4) 표본크기 결정

연구에 있어서 표본조사의 목적은 모집단을 대표하는 표본요소들을 추출해서 표본을 만들고 그 표본을 조사 분석하여 얻은 결과로 모집단을 추정하려는 데에 있다. 즉, 표본조사의 궁극적인 관심사는 표본 자체의 특성보다는 사실 모집단의 특성에 있다. 여기서 표본조사를 통해 얻은 평균치를 통계치(statistic) 또는 추정치라 하고 모집단의 실제적인 평균치를 모수(parameter) 또는 모수치라고 하는데, 모수치와 통계치가 일치한다면 가장 이상적인 표본조사 결과라고 할 수 있으나 완벽하게 일치하는 경우는 사실상 존재하지 않는다고 봐야 한다. 다만, 그 차이를 최소화하려는 노력을 할 뿐이다. 여기서 모수치와 통계치의 차이, 그것을 표본오차(sample error)라 한다.

앞에서 설명한 대로 표본조사를 하더라도 그것은 결국 연구대상인 모집단에 대한 특성, 즉 모수치를 파악하기 위한 방편이기 때문에 가능하면 표본이 모집단에 가까워야 한다. 다시 말해, 표본오차를 최소화해야 한다. 이렇게 하기 위해서는 표본의 크기가 모집단과 가까워질수록 유리하다는 결론이 나온다. 그러나 시간이나 경제적 여건을 생각하면 표본의 크기가 무한정 클 수만은 없다. 따라서 모집단의 특성을 밝히기 위한 연구과정에서는 어느 정도까지의 오차가 허용되면 될 것인가를 결정해야 하고, 최대허용(표본)오차가 결정되면 표본의 크기가 어느 정도가 되어야 하는지 하는 문제가 남게 된다. 이와 같이 표본의 크기는 표본오차와 밀접한 관계를 가지고 있음을 알 수 있다. 즉, 표본오차는 표본크기의 결정에 중요한 역할을 하는 요소들 중 하나이다. 그러므로 표본의 크기를 설명하기 전에 먼저 표본오차를 구하는 방법을 알아야 하고, 이를 위해서는 또한 표준편차와 표준오차를 구하는 산술식을 이해해야 할 필요가 있다.

(1) 표준편차, 표준오차, 표본오차

① 표준편차

표준오차에 대한 이해를 돕기 위해 먼저 분산(variance)과 표준편차(standard

deviation)를 알아야 한다. 분산이란 각 관찰값이 평균으로부터 떨어진 거리를 제곱한 것을 평균한 값이며, 표준편차는 분산을 제곱근한 값이 된다.

다음은 표준편차를 구하는 공식이다.

$$S = \sqrt{\frac{\Sigma(X - \overline{X})^2}{N}}$$

S : 표준편차

X : 각 사례의 관찰값

X : 산술평균

N : 총 빈도

② **표준오차**

표준오차는 N 사례의 무작위적인 표본추출을 계속했을 때 그 표본평균들의 표준편차이다. 즉, 표준오차란 각 표본평균들이 표본평균들의 평균으로부터 떨어진 거리를 제곱한 것을 더하여 표본들의 수로 나누어 제곱근한 값이다.

표준오차를 구하는 공식은 다음과 같다.

$$\sigma_{\overline{X}} = \sqrt{\frac{\Sigma(\overline{X} - \overline{\overline{X}})^2}{N}}$$

$\sigma_{\overline{X}}$: 표준오차(표본평균들의 표준편차)

$\overline{X}$: 각 표본의 평균

$\overline{\overline{X}}$: 표본평균들의 평균

N : 표본평균들의 수(100명씩 50번 표본추출 했을 경우 : $N=50$)

그러나 표준오차를 구하기 위해 무수히 많은 표본들을 전부 조사하여 그들의 평균과 표준편차를 구하는 것은 현실적으로 어려운 일이다. 그래서 표준오차는 모집단의 표준편차를 표본사례 수의 제곱근으로 나누어서 구한다. 이를 식으로 나타내면 다음과 같다.

$$\sigma_{\overline{X}} = \frac{\sigma}{\sqrt{N}}$$

$\sigma_{\overline{X}}$: 표준오차(표본평균들의 표준편차)

σ : 모집단의 표준편차

N : 표본 수

모집단의 표준편차는 실제로 모르는 경우가 많기 때문에 한 표본에서 얻은 표준편차를 모집단의 표준편차의 추정치로 삼아 표준오차를 구하는 방법이 있다. 이 경우 한 표본에서 얻은 표준편차는 모집단의 표준편차보다 대체로 약간 작기 때문에 분모를 N 대신 $N-1$을 사용한다. 이때 표본의 표준편차에 의해 표준오차를 구했다는 것을 표시하기 위해 σ 대신 S를 사용한다.

공식은 다음과 같다.

$$S_{\overline{X}} = \frac{S}{\sqrt{N-1}}$$

$S_{\overline{X}}$: 수정 표준오차

S : 표본의 표준편차

N : 표본 수

앞에서 표준오차를 구하는 방법은 질문문항이 연속적 변수(등간 또는 비율변수)인 경우이고, 다음은 질문문항이 비연속적 변수(명목 또는 서열변수)인 경우의 표준오차를 구하는 방법이다. 예를 들어, 조기유학에 대한 찬반조사에서 찬성비율의 표준오차를 구하는 방법을 살펴보자. 찬-반식 질문의 경우에는 중심극한의 원리(central limit theory)를 이용하여 표준오차를 구한다. 중심극한의 원리라는 것은 모집단이 정규분포를 이루고 있을 때에는 표본의 크기에 관계없이 표본평균들은 정규분포를 이루며, 모집단이 정규분포를 이루고 있지 않더라도 표본의 크기가 크면(표본 수가 30 이상) 표본평균들은 정규분포를 이룬다는 원리이다.

다음은 비율(%)분포의 경우 표준오차를 구하는 공식이다.

$$S_{\bar{p}} = \sqrt{\frac{P(1-P)}{N}}$$

$S_{\bar{p}}$: 비율의 표준오차

P : 표본에서 얻은 찬성비율

N : 표본 수

③ **표본오차**

표본오차의 원래 의미는 모집단평균과 표본평균 간의 차이를 의미한다. 그러나 한편으로 일정한 신뢰수준(예 95% 또는 98% 등)하에서 표본의 비율(평균)을 가지고 모집단의 비율(평균)을 추정할 시 신뢰구간(예 ±2.5% 또는 ±3 등)을 의미하기도 한다. 예를 들어, 언론의 선거여론조사에서 A당 후보의 지지율을 표본조사를 통해 조사한 결과, "지지율 48%로 신뢰수준 95%에 표본오차 ±2.4%"라는 말은 모집단, 즉 실제 전체 유권자의 A당 후보 지지율이 45.6%~50.4%일 확률이 95%라는 의미이다.

표본오차는 일정한 신뢰수준(예 95% 또는 98% 등)을 확보하기 위한 $Z(t)$값에 표준오차를 곱해서 구한다. 표본오차를 구하는 공식은 다음과 같다. 여기서 Z값은 모집단의 표준편차를 알 때에, 또 t값은 표본의 표준편차만 알 때 이용하며, 원하는 신뢰수준에 따른 값을 구하기 위해서는 통계학 책의 Z분포표와 t분포표를 이용하면 된다.

다음은 표본오차를 구하는 공식이다.

모집단의 표준편차를 알 때

$$\text{표본오차} = Z \times \sigma_{\bar{X}}$$

Z : 신뢰수준에 해당하는 Z값

$\sigma_{\bar{X}}$: 표준오차

모집단의 표준편차를 모르고 표본의 표준편차만 알 때

$$\text{표본오차} = t \times S_{\overline{X}}$$

t : 신뢰수준에 해당하는 t값

$S_{\overline{X}}$: 수정 표준오차

앞에서 설명한 비율(%)분포의 경우는 이항분포(예 아니요 찬반식 응답)이기 때문에 표본오차를 구할 때 t분포를 사용하지 않고 표본 수가 크다는 전제하에 항상 Z분포를 사용한다. 이 경우 표본오차를 구하는 공식은 다음과 같다.

$$\text{표본오차} = Z \times S_{\overline{p}}$$

Z : 신뢰수준에 해당하는 Z값

$S_{\overline{p}}$: 비율의 표준오차

④ 비표본오차

비표본오차는 표본추출과정에서 유발되는 오차가 아니라 설문지나 조사자료의 작성, 또는 설문이나 면접과정에서 비롯되는 오류, 분석된 자료의 그릇된 해석, 자료집계나 자료분석과정에서 발생하는 요인들, 응답자의 불성실한 태도 등에 의해서 야기되는 오류로 발생하는 오차를 의미한다. 일반적으로 표본의 크기를 크게 하면 표본오차는 감소하지만, 필요 이상으로 크게 하면 비표본오차의 가능성이 높아진다.

(2) 표본의 크기

일반적으로 표본의 크기를 크게 하면 모집단에 근접하게 되어 모집단의 모수와 표본 통계치 간의 차이가 줄어들게 되어 모집단에 대한 추정을 보다 정확하게 할 수 있다. 즉, 표본오차가 작게 된다. 그렇다고 표본크기를 무턱대고 크게 하면 시간과 비용이 많이 들고 비표본오차가 커지는 문제가 발생할 수 있다. 따라서 표본의 크기를 적정하게 만들 필요가 있다.

표본의 크기를 구하는 방법은 단일모집단 평균 및 비율추정의 경우와 가설검증의 경우로 구분하여 산식을 계산한다.

① 단일모집단 평균 및 비율추정의 경우

표본의 평균으로 모집단의 평균을 추정하는 경우, 신뢰수준과 표본오차의 크기를 감안한 적정 표본의 크기는 앞에서 설명한 공식에 대입해서 구할 수 있다. 예를 들어, 표본조사를 실시하여 이번 달 토익시험결과 전체 대학생들의 토익평균점수를 신뢰수준 95%, 표본오차 ±10점 범위 내로 추정하기 위해서 필요한 적정 표본의 크기를 구하는 방법은 다음과 같다.

$$\text{표본오차} = Z \times \frac{\sigma}{\sqrt{N}} \qquad 10 = 1.96 \times \frac{200}{\sqrt{N}}$$

- Z값은 Z분포표에서 구할 수 있는데 신뢰수준 95%에 해당하는 값은 1.96임
- 모집단의 표준편차 σ는 지난 달 토익점수가 나온 전체 대학생 모집단의 표준편차를 적용하여 그 값을 200점이라 가정하여 대입함

$$\sqrt{N} = 1.96 \times 200 \div 10 = 39.2 \qquad N = 1536.64$$

따라서 적정 표본의 크기는 1,537명이다.

그러나 대체로 모집단의 표준편차(σ) 값을 모르는 경우가 많기 때문에 표본의 표준편차(S)를 대신 이용하게 된다. 이 경우 표본의 크기를 구하는 방법은 다음과 같다.

$$\text{표본오차} = t \times \frac{S}{\sqrt{N-1}} \qquad 10 = 1.98 \times \frac{198}{\sqrt{N-1}}$$

- t값은 t 분포표에서 구하며 신뢰수준 95%에 해당하는 값은 1.98임(표본 수가 120명 이상 시)
- 앞의 예에서 예비조사를 통해 표본의 표준편차 S를 구해서 198점이 나왔다고 가정하여 198점을 표본의 표준편차로 대입함

$$\sqrt{N-1} = 1.98 \times 198 \div 10 = 39.204 \qquad N-1 = 1536.953616$$

$$N = 1537.953616$$

따라서 적정 표본의 크기는 1,538명이다.

표본의 비율에 의해 모집단의 비율을 추청하는 경우, 표본의 크기를 구하는 방법은 다음과 같다. 앞의 예에서와 같이 신뢰수준은 95%로 하고 표본오차를 ±3% 범위 안에서 모집단의 찬성비율을 추정하고자 할 때 표본의 크기를 구하는 방식이다.

$$\text{표본오차} = Z \times \sqrt{\frac{P(1-p)}{N}}$$

- Z값은 Z분포표에서 구할 수 있는데 신뢰수준 95%에 해당하는 값은 1.96임
- 표본오차 ±3%
- 표본에서 얻은 찬성비율을 여기서는 과거조사에서의 찬성비율로 대체함
  그 찬성비율을 50%로 가정하여 P에 대입함

$$0.03 = 1.96 \times \sqrt{\frac{0.5(1-0.5)}{N}} \quad \frac{0.03}{1.96} = \sqrt{\frac{0.25}{N}}$$

$$0.0002343 = \frac{0.25}{N} \quad N = \frac{0.25}{0.0002343} = 1067.0081 \ldots$$

따라서 적정 표본의 크기는 1,068명이다.

② 가설검증의 경우

가설검증, 즉 변수 간의 관계검증의 경우 적정한 표본크기는 통계기법, 각 변수의 카테고리 수, 독립변수 등에 따라 달라진다.

독립변수와 종속변수 모두 비연속변수(명목, 서열변수)여서 카이제곱(χ^2)검증을 사용할 경우에는 독립변수와 종속변수의 각 카테고리가 형성하는 각 방(cell)의 기대빈도가 5 이상은 되어야 검증의 의미가 있다. 예를 들어, 독립변수의 카테고리가 3개이고 종속변수의 카테고리가 4개이면 방(cell) 수는 12개가 된다. 여기서 기대빈도가 적어도 5 이상이 되려면 표본을 60명 이상 선정하면 된다. 그러나 이 경우는 독립변수와 종속변수의 각 카테고리에 응답이 골고루 분포되어 있다는 전제하에서 가능한 수이며, 그렇지 않고 응답이 골고루 분포되어 있지 않으면 표본 수는 2배, 3배로 늘어나야 한다.

독립변수가 비연속적 변수이고 종속변수가 연속적 변수여서 t검증이나 분

산분석을 사용할 경우, 두 검증 모두 독립변수의 카테고리별로 ① 모집단이 정규분포여야 하고, ② 모집단의 분산이 동일해야 할 것을 요구한다. 그런데 모집단이 정규분포여야 할 조건을 충족시키기 위해서는 중심극한의 원리에 의해 표본이 30 이상이어야 하고, 분산이 동일해야 한다는 조건을 충족시키기 위해서는 표본의 크기가 같아야 한다. 따라서 t검증의 경우는 독립변수의 카테고리가 2개이므로 최소한 30×2=60명의 표본이 필요하다. 그런데 카테고리별로 표본의 크기가 같지 않을 가능성이 많기 때문에 표본 수는 이보다 2배 정도 많아야 한다. 표본 수 차이가 심할 경우는 3~4배가 필요하다. 한편 분산분석의 경우에는 카테고리 수에 30을 곱해 최소한 표본 수를 구할 수 있으나, 각 카테고리별 표본의 크기가 같지 않을 가능성이 많기 때문에 여기에서도 표본 수는 2배로 하는 것이 좋다. 즉, 독립변수의 카테고리가 제일 많은 것이 5개라면 30×5×2=300명이 적정 표본 수가 된다. 카테고리별 표본 수의 차이가 심할 경우는 3~4배 더 늘려야 한다.

독립변수와 종속변수가 모두 연속변수일 경우 회귀분석을 사용하는데, 회귀분석을 사용하기 위해서는 독립변수와 종속변수 모두 모집단이 정규분포여야 할 것이 요구된다. 따라서 독립변수의 수에 30을 곱해 적정 표본크기를 구할 수 있다. 예를 들어, 독립변수가 5개인 경우 30×5=150개의 표본수가 필요하다(채구묵, 2005 : 227-228).

이상 앞에서 설명한 표본의 크기를 결정하는 방법은 최소한의 표본크기를 결정하기 위한 기본적인 사항이고, 그 외에도 다른 요소들이 영향을 미칠 수 있다. 즉, 모집단의 규모, 모집단의 이질성 정도, 연구결과의 정밀도 요구수준, 표집비율, 표집방법, 조사의 현실적 여건 등에 따라 표본 수는 달라질 수 있다(최성재, 2007; Grinnell & unrau, 2005 : 168).

(3) 표본의 크기와 신뢰수준, 표본오차와의 관계

표본오차를 추정할 때 영향을 주는 요인은 표본의 크기, 신뢰수준 등이다. 즉, 신뢰수준을 높게 잡으면 표본오차가 커지고, 표본의 크기가 커지면 표본오차는 작아진다.

5) 표본추출

지금까지 설명한 표본추출의 과정, 즉 첫 번째 모집단을 확정하면 그 다음 모집단에서 표본을 추출하기 위한 표집틀(모집단 목록)을 선정하고, 어떤 방법으로 표집을 할 것인가와 표본의 크기를 결정한다. 이런 과정을 거쳐서 마지막으로 자료수집 대상이 되는 표본을 추출한다.

이상의 과정을 거쳐 선별된 표본을 대상으로 설문지 등과 같은 측정도구를 적용하여 자료를 수집하게 된다.

CHAPTER 08

실험조사

1. 실험조사의 의의
2. 인과관계 추론
3. 실험조사의 타당도
4. 실험조사설계의 요건
5. 실험조사설계의 유형

08 CHAPTER

실험조사

1. 실험조사의 의의

실험(experiment)은 자연과학의 주요 연구수단으로, 특정 자연현상을 인위적으로 실험실 안에 재현해 놓고 어떤 현상이 일어나는지를 관찰하고 측정하는 연구조사방법이다. 이러한 실험적 접근은 사회과학에서도 활용되며, 사회복지조사에서도 중요한 방법론 중 하나로 간주된다. 사회과학에서의 실험은 조사대상에 대한 여러 변수 간의 인과관계를 규명하기 위해, 특정 변수를 인위적으로 조작하고 그 효과를 분석하는 방식으로 진행된다. 여기서 '인위적 조작적'이란 외부 변수의 영향을 통제하고, 독립변수를 의도적으로 변화시켜 종속변수의 변화를 분석함으로써, 독립변수 간의 인과관계를 보다 명확하게 파악할 수 있다.

실험적 조사방법에는 여러 유형이 있으며, 그 중 하나는 단일집단을 대상으로 실험적 처치를 실시한 후, 사전과 사후결과를 비교하여 조작된 변수의 효과를 분석하는 방식이다. 그러나 보다 일반적으로는 2개 이상의 비교집단을 설정하여 실험의 효과를 검증하는 방법이 널리 활용된다. 이 경우 실험집단과 통제집단을 구성하고, 실험집단에는 독립변수를 조작하는 실험적 처치를 가하며, 통제집단에는 아무런 처치를 하지 않는다. 이후 두 집단의 종속변수 변화 양상을 비교함으로써 독립변수가 미치는 영향을 검증하게 된다.

실험조사의 핵심 목적은 외생 변수를 최대한 통제한 조건하에서 독립변수와 종속변수 간의 인과관계를 명확히 파악하는 데 있다.

2. 인과관계 추론

인과관계란 사실들 간의 관계 유형 중에서, 한 변수가 원인으로 작용하여 다른 변수의 변화나 발생이 결과로 나타나는 관계를 의미한다. 즉, 특정 변수의 변화가 다른 변수의 변화를 유발하는 원인-결과의 연결 고리를 설명하는 것이다.

1) 인과관계가 성립되기 위한 조건

(1) 공변성

인과관계가 성립하기 위해서는 원인으로 추정되는 변수와 결과로 추정되는 변수가 동시에 존재하며, 서로 연관된 방식으로 변화해야 한다. 즉, 한 변수가 변화할 때 이에 관련된 다른 변수도 함께 변화하는 경향이 있어야 한다.

예를 들어, "소득이 높을수록 구매력이 강할 것이다"라는 가설을 살펴보면, 소득과 구매력이라는 두 변수 간에 인과관계가 있다고 주장하기 위해서는 공변성이 전제되어야 한다. 다시 말해, 소득이 증가함에 따라 구매력도 증가하는 변화가 관찰되어야 하며, 이러한 상호 변화가 있어야 인과관계의 가능성을 논의할 수 있다.

(2) 시간적 우선성

인과관계를 성립시키기 위해서는 원인으로 추정되는 변수의 변화가 결과 변수의 변화보다 먼저 발생해야 한다. 즉, 원인이 결과보다 시간적으로 앞서 있어야 인과관계를 주장할 수 있다.

예를 들어, "상담을 받은 후 우울감이 감소했다"는 가설을 검증하려면, 상담이라는 독립변수가 먼저 발생하고, 그 이후에 우울감이라는 종속변수의 변화가 관찰되어야 한다. 만약 두 변수의 변화가 동시에 나타나거나 결과가 원인보다 먼저 발생한다면, 인과관계를 입증하기 어렵다.

(3) 통제

통제란 인과관계를 입증하기 위해 외부의 영향력을 배제하고, 순수하게 두 변수 간의 공변성과 시간적 우선성을 관찰할 수 있도록 하는 조건을 말한다. 즉, 두 변수 사이에 공변성이 존재하고 시간적 우선성이 충족되더라도, 이들 변수에 영향을 미치는 제3의 외생 변수가 존재한다면 인과관계를 증명하기 어렵다.

예를 들어, "어느 지역에서 청소년 비행 예방 프로그램을 실시한 후 청소년 비행률이 감소했다"는 조사결과를 살펴보면, 프로그램과 비행률 사이에 공변성이 존재하며, 프로그램 실시 이후 비행률이 감소했으므로 시간적 우선성도 충족된 것으로 볼 수 있다. 그러나 이러한 변화가 단순한 우연인지, 혹은 다른 요인의 영향에 의한 것인지 명확하지 않다. 따라서 해당 프로그램이 청소년 비행률 감소에 직접적인 영향을 미쳤다는 인과성을 입증하기 위해서는, 두 변수 간의 관계에 영향을 줄 수 있는 다양한 외부 요인들을 철저히 통제해야 한다. 이를 통해 독립변수의 효과를 명확히 파악하고, 인과관계의 타당성을 확보할 수 있다.

2) 인과관계 입증을 위한 논리적 근거 제시방법

(1) 일치법

일치법은 주어진 현상에 관한 2개 또는 그 이상의 사례들이 공통된 하나의 특성을 갖고 있을 때, 그 특성을 현상의 원인으로 간주하는 방법이다.

(2) 차이법

차이법은 특정 현상이 발생한 사례와 발생하지 않은 사례를 비교하여, 두 사례 간의 차이점이 현상의 원인이라고 추정하는 논리적 방법이다. 즉, 모든 조건이 동일한데도 결과가 다르게 나타났다면, 그 차이를 만들어낸 요인이 원인일 가능성이 높다고 보는 것이다.

예를 들어, 두 지역의 청소년 비행률을 비교했을 때, 한 지역에서는 청소년 비행 예방 프로그램을 운영했고 다른 지역에서는 운영하지 않았다면, 프로그램 운영 여부가 비행률 차이를 설명하는 원인으로 간주될 수 있다.

(3) 잔여법(잉여법)

잔여법은 이미 알려진 원인들로 설명할 수 있는 부분을 제외하고, 남은 현상의 원인을 아직 밝혀지지 않은 요인으로 추정하는 논리적 방법이다. 즉, 전체 현상 중 일부는 기존의 원인들로 설명이 가능하고, 나머지 설명되지 않는 부분이 있다면, 그 잔여 부분은 새로운 원인에 의해 발생했을 가능성이 있다고 보는 것이다.

예를 들어, 청소년 비행률 감소의 원인을 분석할 때, 소득 증가, 교육수준 향상, 가족 기능 회복 등으로 일정 부분이 설명된다면, 그 외에 설명되지 않는 감소분은 새롭게 도입된 청소년 비행 예방 프로그램의 효과일 수 있다고 할 수 있다.

(4) 공변법

공변법은 두 변수 간의 변화 양상이 서로 연관되어 있을 때, 그 연관성을 바탕으로 인과관계를 추정하는 논리적 방법이다. 즉, 한 변수가 증가하거나 감소할 때 다른 변수도 일정한 방향으로 함께 변화한다면, 이들 사이에 인과관계가 있다고 보는 것이다.

예를 들어, 청소년 상담 횟수가 증가할수록 청소년 비행률이 감소하는 경향이 지속적으로 관찰된다면, 두 변수 간의 공변성이 존재한다고 볼 수 있으며, 상담 횟수가 비행률 감소에 영향을 미쳤을 가능성을 추정할 수 있다.

3. 실험조사의 타당도

실험조사에서 각 변수들의 관계에 대해 인과적 추론을 할 수 있는 정도를 타당도 또는 타당성이라고 하며, 내적 타당도와 외적 타당도로 구분한다. 내적 타당도란 실험적 처리가 실제로 의미 있는 차이를 유발했는지를 나타내는 것이며, 외적 타당도는 실험에 의해 얻은 결과를 어느 정도 일반화할 수 있는가를 나타내는 것이다. 내적 타당도와 외적 타당도를 높이기 위해서는 이들에 영향을 줄 수 있는 여러 가지 저해요인을 검토해 보고 실험조사설계 시에 가능한 한 이들을 통제할 필요가 있다. 타당도를 저해하는 요인들은 다음과 같다.

1) 내적 타당도의 저해요인

내적 타당도는 연구의 결과, 즉 종속변수가 독립변수의 변화에 의해 발생했는지를 판단하는 기준이다. 실험조사설계가 종속변수의 변화를 설명함에 있어서 독립변수 외 다른 대안적인 설명을 배제할 수 있다면, 해당 설계는 내적 타당도가 높다고 평가된다. 반대로 이러한 대안적 설명이 존재한다면 그것은 내적 타당도를 저해하는 요인이 된다.

(1) 우연한 사건/ 역사적 요인

역사요인이란 실험적 처치가 이루어지는 기간 동안 연구 외적인 사건이나 변화가 발생하여 종속변수에 영향을 미치는 경우를 말한다. 이러한 요인은 실험 결과가 실제로 독립변수(처치) 때문인지, 아니면 외부에서 발생한 우연한 사건 때문인지 판단하기 어렵게 만들어 내적 타당도를 저해한다.

사회복지조사에서 실험적 처치의 효과를 검증하기 위해 사전-사후 조사를 실시하는 경우, 연구 기간 중 발생한 외부 사건이 종속변수에 영향을 미치면 처치의 순수한 효과를 파악하기 어렵다. 이러한 외부 사건은 연구자가 통제할 수 없으며, 예측하기도 어렵기 때문에 실험설계 시 특별한 주의가 필요하다.

예를 들어, 지역사회 내 청소년 비행 예방을 목적으로 한 캠페인을 3개월간 실시한 후 청소년 비행률을 조사했더니 50% 감소한 것으로 나타났다고 하자. 그러나 캠페인 기간 중 경찰청에서 청소년 대상의 집중 단속을 병행했다면, 비행률 감소가 캠페인의 효과인지, 경찰의 단속 때문인지 명확히 구분하기 어렵다. 이처럼 경찰 단속이라는 우연한 외부 사건이 종속변수에 영향을 미친 경우, 이는 역사요인에 해당하며, 실험의 내적 타당도를 위협하는 요인이 된다.

(2) 성숙효과/ 성장요인

성숙효과란 실험적 처치가 이루어지는 기간 동안 피조사자에게 자연스럽게 발생하는 생리적·심리적 변화로 인해 종속변수가 영향을 받는 현상을 말한다. 이러한 변화는 시간의 경과에 따라 나타나는 내적 성장 과정으로, 실험적 처치와 무관하게 발생하기 때문에 독립변수가 종속변수에 미치는 순수한 효과를 판단하는 데 혼란을 초래하며, 내적 타당도를 저해하는 요인이 된다.

사회복지조사에서 실험적 처치의 효과를 검증하기 위해 사전-사후 조사를 실시하는 경우, 피조사자의 자연적인 성장이나 회복 과정이 종속변수에 영향을 미치면 처치의 실제 효과를 정확히 파악하기 어렵다. 특히 장기간에 걸친 연구일수록 성숙효과의 영향은 더욱 커질 수 있다.

예를 들어, 배우자를 잃은 성인을 대상으로 6개월간 심리상담 프로그램을 실시한 후 정서적 안정 수준을 측정했더니 사전보다 현저히 개선된 결과가 나타났다고 하자. 그러나 이 개선이 시간의 흐름에 따라 자연스럽게 회복된 결과인지, 아니면 상담 프로그램의 효과인지 명확히 구분하기 어렵다. 이처럼 시간 경과에 따른 자연적 회복이 종속변수에 영향을 미친 경우, 이는 성숙효과에 해당하며, 실험의 내적 타당도를 위협하는 요인이 된다.

(3) 테스트 효과/ 검사요인

테스트 효과란 실험적 처치의 전후에 동일한 측정도구를 반복적으로 사용할 경우, 초기 검사 경험이 이후 검사 결과에 영향을 미치는 현상을 말한다. 이는 피조사자가 첫 번째 검사에서의 경험이나 기억을 바탕으로 두 번째 검사에 더 잘 대응하게 되어, 실제 처치의 효과와 무관하게 점수가 향상될 수 있는 가능성을 내포한다. 이러한 요인은 내적 타당도를 저해하는 주요 요소 중 하나이다.

사회복지조사에서 실험적 처치의 효과를 검증하기 위해 사전-사후 검사를 실시하는 경우, 동일한 검사도구를 반복적으로 사용하면 피조사자가 검사 내용에 익숙해지거나 기억을 활용하여 더 나은 성과를 보일 수 있다. 이로 인해 종속변수의 변화가 실제 처치의 효과인지, 아니면 검사 반복에 따른 학습 효과인지 구분하기 어려워진다.

예를 들어, 아동의 인지능력 향상을 목적으로 2개월간 교육 프로그램을 실시하고, 그 효과를 검증하기 위해 프로그램 시작 전에 IQ 검사를 실시한 후 프로그램 종료 시점에 동일한 IQ 검사를 반복했다고 하자. 검사 결과, 프로그램 이후 IQ 점수가 크게 향상되었다면 이는 프로그램의 효과일 수도 있지만, 첫 번째 검사 경험이 두 번째 검사에 영향을 미친 결과일 수도 있다. 즉, 아동이 검사 유형에 익숙해졌거나 문제해결 방식에 대한 기억을 활용했을 가능성이 있다. 이처럼 검사 반복으로 인해 종속변수에 영향을 미치는 경우, 이는 테스트 효과에 해당하며, 실험의 내적 타당도를 위협하는 요인이 된다.

(4) 도구요인

도구요인이란 실험적 처치의 전후에 사용되는 측정도구의 변화나 도구의 신뢰도 문제로 인해 종속변수의 변화가 실제 처치의 효과인지 판단하기 어려운 경우를 말한다. 이는 측정도구 자체의 특성이 결과에 영향을 미치게 되어 내적 타당도를 저해하는 요인이 된다.

사회복지조사에서 실험적 처치의 효과를 검증하기 위해 사전사후검사를 실시할 때, 측정도구가 서로 다르거나 동일한 도구라도 신뢰도나 민감도가 낮은 경우, 전후 차이가 실제로 처치의 효과에 의한 것인지, 아니면 도구의 특성에 의한 것인지 구분하기 어렵다. 특히 테스트 효과를 제거하기 위해 도구를 변경하는 경우, 오히려 도구요인이 발생할 수 있다.

예를 들어, 아동의 인지능력 향상을 목적으로 2개월간 교육 프로그램을 실시하고, 테스트 효과를 방지하기 위해 사전에는 A형 IQ 검사, 사후에는 B형 IQ 검사를 사용했다고 하자. 검사 결과, 사후 점수가 사전보다 높게 나타났다면 이는 프로그램의 효과일 수도 있지만, 두 검사도구 간의 난이도 차이나 측정방식의 차이 때문일 수도 있다. 즉, 도구의 상이성으로 인해 결과 해석이 모호해지는 경우, 이는 도구요인에 해당하며, 실험의 내적 타당도를 위협하는 요인이 된다.

(5) 통계적 회귀

통계적 회귀란 사전검사에서 극단적인 점수를 보인 피조사자들이 이후 검사에서 평균치에 가까워지는 경향을 의미한다. 이는 독립변수의 효과와 무관하게 발생할 수 있는 통계적 현상으로, 실험 결과의 해석을 왜곡시켜 내적 타당도를 저해하는 요인이 된다.

사회복지조사에서 실험집단을 선정할 때 사전검사에서 매우 높은 점수나 매우 낮은 점수를 보인 극단적인 사례들을 포함하면, 이후 검사에서는 자연스럽게 평균에 가까운 점수로 회귀하는 경향이 나타날 수 있다. 이러한 변화는 실제로 실험 처치의 효과가 아니라 통계적 회귀 현상에 의한 것일 수 있으며, 결과 해석에 주의가 필요하다.

예를 들어, 학업 성취도가 낮은 학생들을 대상으로 방과 후 학습 프로그램을 실시하고, 프로그램 종료 후 성적이 향상되었다고 하자. 이때 향상된 성적이 프로그램의 효과일 수도 있지만, 원래 성적이 매우 낮았기 때문에 더 이상 낮아질 수 없는 상태에서 자연스럽게 평균 수준으로 회귀한 결과일 수도 있다. 즉, 성적 향상이 처치의 효과가 아니라 통계적 회귀에 따른 자연스러운 변화일 가능성이 존재한다.

(6) 실험대상자 상실

실험대상자 상실이란 실험 진행 중 일부 피조사자가 이탈하거나 탈락함으로써 연구의 표본 수가 감소하고, 그로 인해 실험 결과의 해석에 왜곡이 발생할 수 있는 현상을 말한다. 이는 실험집단과 통제집단 간의 구성 차이를 초래하거나, 특정 특성을 가진 대상자의 이탈로 인해 결과가 편향될 수 있어 내적 타당도를 저해하는 요인이 된다.

사회복지조사에서 실험적 처치의 효과를 검증하기 위해 일정 기간 동안 피조사자를 추적하는 경우, 이사, 사망, 질병, 실종, 중도 포기 등의 이유로 일부 대상자가 연구에서 이탈할 수 있다. 특히 이탈한 대상자가 특정한 특성을 가지고 있을 경우, 남아 있는 집단의 평균치가 왜곡되어 실험 처치의 효과를 과대 또는 과소 평가할 위험이 있다.

예를 들어, 토론식 수업과 강의식 수업의 효과를 비교하는 연구에서, 토론식 수업에 참여한 학생들의 성적이 강의식 수업 참여자보다 더 향상된 것으로 나타났다고 하자. 그러나 토론식 수업 참여자 중 원래 성적이 낮았던 학생들이 수업을 따라가지 못하고 중도에 탈락했다면, 남아 있는 학생들의 평균 성적은 자연스럽게 높아질 수 있다. 이 경우 성적 향상이 토론식 수업의 효과 때문인지, 아니면 성적이 낮은 학생들의 이탈로 인한 통계적 왜곡 때문인지 명확히 구분하기 어렵다. 이러한 현상이 바로 실험대상자 상실이며, 결과 해석에 주의가 필요하다.

(7) 편향된 선별/ 선정요인

편향된 선별 또는 선정요인이란 실험 또는 비교 연구에서 이미 차이가 존재하는 두 집단을 비교 대상으로 선정함으로써, 독립변수의 효과를 정확히 판단하기 어렵게 되는 현상을 말한다. 이는 실험 처치 이전부터 집단 간 내재된 특성 차이가 존재하기 때문에, 종속변수의 변화가 처치의 결과인지 아니면 집단 간 본래 차이 때문인지 구분하기 어려워 내적 타당도를 저해하는 요인이 된다.

사회복지조사에서 실험집단과 통제집단을 비교할 때, 두 집단이 처치 이

전부터 동질적이지 않다면, 실험 결과에 대한 해석이 왜곡될 수 있다. 특히 자발적으로 프로그램에 참여한 집단은 그렇지 않은 집단과 동기, 관심, 태도 등에서 차이를 보일 수 있으며, 이러한 차이가 종속변수에 영향을 미칠 수 있다.

예를 들어, 자원봉사교육 프로그램에 참여한 학생들과 참여하지 않은 학생들을 대상으로 교육 후 자원봉사 선호도를 비교했더니, 참여한 학생들의 선호도가 더 높게 나타났다고 하자. 이 결과를 자원봉사교육의 효과로 해석할 수도 있지만, 교육에 참여한 학생들이 애초에 자원봉사에 대한 관심이 높았기 때문에 선호도 점수가 높게 나타났을 가능성도 있다. 즉, 집단 선정 단계에서 이미 존재했던 차이가 결과에 영향을 미친 경우, 이는 편향된 선별에 해당하며, 실험의 내적 타당도를 위협하는 요인이 된다.

2) 외적 타당도 저해요인

외적 타당도란 특정 연구에서 얻은 결과를 다른 환경, 조건, 집단 또는 시간적 맥락으로 일반화할 수 있는 정도를 의미한다. 즉, 연구에서 밝혀진 변수 간의 인과관계가 실험 조건을 벗어난 실제 사회적 맥락에서도 동일하게 적용될 수 있는가를 판단하는 기준이다.

내적 타당도가 연구 내부에서의 인과관계의 정확성을 의미한다면, 외적 타당도는 그 인과관계가 다른 상황에서도 타당한지를 평가하는 것이다. 따라서 실험 환경에서는 변수 간의 인과관계가 명확히 입증되었더라도, 그 관계가 실제 사회나 다른 집단에서는 성립되지 않는다면, 해당 연구는 외적 타당도가 낮다고 평가된다.

다음은 외적 타당도를 저해하거나 강화할 수 있는 주요 요인들이다.

(1) 연구표본, 환경, 절차의 대표성

연구결과를 현실 사회에 일반화하기 위해서는 연구에 사용된 표본, 환경, 그리고 절차가 연구대상이 되는 모집단과 실제 상황을 충분히 대표해야 한다. 이는 연구의 외적 타당도를 확보하는 데 핵심적인 요소이다.

① 표본의 대표성

연구에 참여한 대상자들이 모집단의 특성과 유사해야 한다. 성별, 연령, 사회경제적 지위, 지역 등 다양한 변수에서 모집단을 반영하지 못하면, 연구결과를 전체로 일반화하기 어렵다.

② 환경의 대표성

실험이나 조사가 이루어진 환경이 실제 사회적 맥락과 유사해야 한다. 지나치게 통제된 실험실 환경이나 비현실적인 조건에서 얻은 결과는 실제 현장에 적용하기 어려울 수 있다.

③ 절차의 대표성

연구에서 사용된 절차나 방법이 현실에서 적용 가능한 방식이어야 한다. 즉, 매우 복잡하거나 비현실적인 절차를 통해 얻은 효과는 일반 상황에서 재현되기 어렵다.

예를 들어, 저소득층 아동을 대상으로 한 학습지원 프로그램의 효과를 검증하는 연구에서, 표본이 중산층 아동으로 구성되어 있다면 결과를 저소득층 전체에 일반화하기 어렵다. 또한 프로그램이 실험실에서 진행되었고, 실제 학교나 지역사회에서는 적용이 불가능한 방식이었다면, 그 효과 역시 현실에 적용하기 어려울 것이다.

(2) 조사반응성

조사반응성이란 조사대상자가 자신이 실험 또는 조사에 참여하고 있다는 사실을 인식함으로써 평소와는 다른 행동이나 반응을 보이는 현상을 말한다. 이는 실험 처치와 무관하게 나타나는 반응으로, 연구결과에 영향을 미쳐 내적 타당도와 외적 타당도를 동시에 저해할 수 있다.

① 호손효과

조사대상자가 자신이 연구의 대상이라는 사실을 인식할 때, 관찰받고 있다는 의식으로 인해 평소와 다른 행동을 하게 되는 현상이다. 이는 실험 처치의 효과가 아니라 연구 참여 자체에 대한 반응으로 인해 나타나는 결과이며, 실제 효과를 과대평가할 위험이 있다.

예를 들어, 직장 내 생산성 향상을 위한 조사를 실시할 때, 직원들이 자신이 관찰되고 있다는 사실을 인식하고 평소보다 더 열심히 일하는 경우, 이는 처치의 효과가 아니라 호손효과에 의한 반응일 수 있다.

② 플라시보 효과

실험 처치나 개입이 실제로 주어지지 않았음에도 불구하고, 처치를 받았다고 믿는 것만으로 유사한 효과가 나타나는 현상이다. 이는 조사대상자의 심리적 기대나 믿음에 의해 발생하며, 실험 결과의 해석을 왜곡할 수 있다.

예를 들어, 스트레스 완화를 위한 프로그램에서, 일부 대상자에게는 실제 개입이 없었지만 "개입을 받았다"는 설명만 들었을 경우, 그들 역시 스트레스 수준이 감소했다면 이는 플라시보 효과에 해당한다.

3) 타당도를 높이는 방법

(1) 내적 타당도를 높이는 방법

내적 타당도를 높이기 위해서는 실험설계에서 독립변수가 종속변수에 미치는 순수한 영향을 정확히 파악할 수 있도록 해야 한다. 이를 위해 실험집단과 통제집단을 명확히 구분하고, 두 집단이 가능한 한 동질적인 특성을 갖도록 구성하는 것이 중요하다. 실험집단과 통제집단이 유사한 속성을 지니면, 역사요인, 성숙효과, 검사효과, 도구효과, 통계적 회귀 등 내적 타당도를 저해하는 요인들이 두 집단에 동일한 수준으로 영향을 미친다고 가정할 수 있다. 따라서 이러한 외부 요인의 영향을 실험 결과에서 제거하면, 독립변수가 종속변수에 미친 순수한 효과를 파악할 수 있게 된다.

내적 타당도를 확보하기 위한 방법으로는 비교집단을 설정하고, 실험집단과 통제집단을 동질적인 집단으로 구성하는 것이 핵심이다. 이를 위해 무작위 할당, 짝짓기 또는 배합, 통계적 통제 등의 기법을 활용할 수 있다.

무작위 할당은 조사대상자를 무작위로 집단에 배정하여 사전 차이를 최소화하고, 짝짓기나 배합은 주요 특성이 유사한 대상자를 서로 다른 집단에 균형 있게 배정하는 방식이다. 통계적 통제는 집단 간 차이가 존재할 경우, 해당 변수를 통계적으로 조정하여 처치의 순수한 효과를 분석하는 방법이다. 이러한 절차를 통해 내적 타당도를 높이고, 연구결과의 신뢰성을 확보할 수 있다.

(2) 외적 타당도를 높이는 방법

외적 타당도를 높이기 위해서는 연구결과가 실제 사회나 다양한 환경에서도 일반화될 수 있도록 연구설계를 신중하게 구성해야 한다. 이를 위한 주요 방법은 다음과 같다.

① 표본의 대표성을 높인다

외적 타당도는 주로 연구에 사용된 표본이 모집단을 얼마나 잘 대표하는가에 따라 결정된다. 대표성을 확보하기 위해서는 확률표집을 통해 표본을 선정하고, 가능한 한 표본의 크기를 크게 설정하는 것이 바람직하다. 확률표집은 모집단의 다양한 특성을 고르게 반영할 수 있어 일반화 가능성을 높여준다. 그러나 실제 실험조사에서는 확률표집을 적용하는 데 많은 비용과 시간이 소요되며, 선정된 표본이 실험 참여를 거부하거나 처우에 불만을 나타내는 경우도 있어 현실적인 어려움이 존재한다.

② 조사에 대한 반응성 문제를 줄인다

조사대상자가 자신이 실험에 참여하고 있다는 사실이나 조사 환경에 과도하게 민감하게 반응할 경우, 평소와 다른 행동이나 반응을 보일 수 있다. 이러한 반응은 실험 처치의 효과가 아닌 조사 참여 자체에 대한 반응으로 인해 나타나는 것으로, 결과의 일반화를 어렵게 만든다. 특히 플라시보 효과와 같은 가실험 효과가 발생할 수 있는데, 이는 실제로 처치가 이루어지지 않았음에도 불구하고 처치를 받았다고 믿는 것만으로 유사한 효과가 나타나는 현상이다. 이러한 반응성을 통제하기 위해서는 가실험 통제집단 설계방법을 활용하여 외적 타당도를 저해하는 요인을 제거하고, 보다 신뢰성 있는 결과를 도출할 수 있도록 해야 한다.

4. 실험조사설계의 요건

실험조사설계는 독립변수가 종속변수에 미치는 순수한 인과적 영향을 정확히 파악하기 위해 고안된 연구설계 방식이다. 이를 위해서는 가능한 한 내적 타당도를 저해하는 요인들을 제거하고, 종속변수의 변화가 오직 독립변수의 조작에 의해 발생한 것임을 입증할 수 있어야 한다. 즉, 종속변수에 영향을 줄 수 있는 외부 요인들을 통제함으로써, 독립변수의 효과만을 명확히 드러내는 것이 실험조사설계의 핵심 목적이다.

실험조사설계가 이러한 목적을 달성하기 위해 갖추어야 할 기본 요건은 다음 세 가지이다.

첫째, 무작위 할당을 통해 조사대상자를 실험집단과 통제집단에 균등하게 배정함으로써 집단 간의 사전 차이를 최소화해야 한다.

둘째, 독립변수의 조작이 필요하다. 이는 연구자가 특정 처치를 실험집단에 적용함으로써 독립변수를 인위적으로 변화시키는 과정을 의미한다.

셋째, 종속변수의 비교가 이루어져야 한다. 실험 처치 전후 또는 실험집단과 통제집단 간의 종속변수 차이를 분석함으로써 독립변수의 효과를 검증할 수 있다.

1) 무작위 할당

무작위 할당은 실험조사설계에서 실험집단과 통제집단을 동질적으로 구성하기 위한 핵심적인 방법이다. 이는 조사대상자를 무작위로 두 집단에 배정함으로써 집단 간의 사전 특성 차이를 최소화하고, 실험 처치의 효과를 보다 정확하게 비교할 수 있도록 한다.

무작위 할당을 통해 구성된 집단은 성별, 연령, 사회경제적 수준, 태도 등 다양한 변수에서 통계적으로 유사한 특성을 가지게 되므로, 실험 결과에 영향을 줄 수 있는 외부 요인의 영향을 균등하게 받을 가능성이 높다. 따라서 종속변수의 변화가 독립변수의 조작에 의한 것인지, 아니면 집단 간의 본래 차이 때문인지 구분하기 쉬워져 내적 타당도를 높일 수 있다.

2) 독립변수의 조작

독립변수의 조작은 실험조사설계에서 실험의 효과를 검증하기 위해 반드시 필요한 핵심 절차 중 하나이다. 이는 연구자가 실험집단에만 특정한 처치나 개입을 인위적으로 적용하고, 통제집단에는 아무런 조치를 하지 않음으로써 두 집단 간의 결과 차이를 비교하는 방식이다. 이러한 비교를 통해 종속변수의 변화가 독립변수의 조작에 의한 것인지 여부를 판단할 수 있다.

실험집단은 독립변수의 영향을 받는 집단이며, 통제집단은 동일한 조건에서 처치 없이 유지됨으로써 외부 요인의 영향을 통제하는 기준 역할을 한다. 두 집단 간의 결과 차이가 존재할 경우, 그 차이를 독립변수의 효과로 해석할 수 있으며, 이는 인과관계의 검증을 가능하게 한다.

3) 종속변수의 비교

종속변수의 비교는 실험조사설계에서 실험 처치의 효과를 검증하는 마지막 단계로서, 실험 결과를 판단하는 데 핵심적인 역할을 한다. 실험이 종료된 후 연구자는 실험집단과 통제집단의 종속변수를 각각 측정하고, 두 집단 간의 차이를 분석함으로써 독립변수가 종속변수에 미친 영향을 평가한다.

5. 실험조사설계의 유형

실험조사설계는 실험에 필요한 요건을 얼마나 충족하고 있는가에 따라 크게 세 가지 유형으로 구분된다. 이는 각각 순수실험설계, 유사실험설계, 전실험설계로 나뉘며, 각 설계는 내적 타당도와 외적 타당도의 확보 수준에 따라 차이를 보인다.

1) 순수실험설계

순수실험설계는 가장 이상적인 형태의 실험설계로, 실험집단과 통제집단이 무작위로 배정되는 특징을 가진다. 이 설계는 내적 타당도를 저해하는 요인들을 상당 부분 통제할 수 있어, 독립변수가 종속변수에 미치는 인과관계를 명확히 규명하는 데 매우 효과적이다. 실험 처치 외의 외부 요인의 영향을 최소화할 수 있기 때문에 연구결과의 신뢰성이 높다.

그러나 현실적으로는 무작위 배정이 어려운 경우가 많아 사회복지현장과 같은 실제 환경에서는 적용이 제한될 수 있다. 특히 윤리적 문제나 실천적 제약으로 인해 순수실험설계를 활용하기 어려운 경우가 많다.

(1) 통제집단 사전사후검사 설계

사전사후검사 설계는 가장 전형적인 실험조사설계의 형태로, 고전적 실험설계라고 불린다. 이 설계는 실험 효과를 명확히 검증하기 위해 내적 타당도를 높이는 구조적 요건을 충실히 갖추고 있다.

연구자는 먼저 조사대상을 실험집단과 통제집단으로 구분한 뒤 무작위로 할당하여 두 집단 간의 동질성을 확보한다. 이후 사전검사를 통해 두 집단의 종속변수 수준을 측정하고, 실험집단에만 독립변수의 조작을 실시한다. 처치가 완료된 후에는 사후검사를 통해 두 집단의 종속변수 변화를 비교함으로써 독립변수가 종속변수에 미친 효과를 검증할 수 있다.

실험집단	R	O_1	X	O_2
통제집단	R	O_3		O_4

(2) 통제집단 사후검사 설계

통제집단 후 비교설계는 고전적 실험설계의 한 형태로, 사전검사를 생략하고 사후검사만을 실시하는 방식의 실험설계이다. 이 설계는 실험집단과 통제집단을 무작위로 할당함으로써 두 집단 간의 동질성을 확보했다고 가정하고, 실험 처치 이후의 결과만을 비교하여 독립변수의 효과를 검증한다.

실험집단에는 독립변수의 조작, 즉 실험적 처치를 실시하고, 통제집단에는 아무런 처치를 하지 않은 상태로 동일한 외적 환경에서 실험을 진행한다. 이후 두 집단 모두에게 사후검사를 실시하여 종속변수의 차이를 분석함으로써 실험 처치의 효과를 평가한다.

이 설계는 사전검사를 실시하지 않기 때문에 주시험 효과나 사전검사와 처치 간의 상호작용 효과가 발생하지 않아 외적 타당도가 높은 편이다. 또한 무작위 할당을 통해 선택 편향을 통제할 수 있으며, 동일한 외적 환경에서 실험이 진행되므로 성숙효과나 역사요인 등 내적 타당도 저해요인도 일정 부분 통제할 수 있다.

그러나 사전검사가 생략되었기 때문에 두 집단의 초기 상태에 대한 정보를 알 수 없다는 한계가 있다. 따라서 집단 간 차이가 실험 처치의 효과인지, 아니면 사전 상태의 차이 때문인지 명확히 판단하기 어려울 수 있다.

실험집단	R	X	O_1
통제집단	R		O_2

(3) 솔로몬 4집단 설계

솔로몬식 4개 집단비교설계는 통제집단 전후 비교설계와 통제집단 후 비교설계를 결합하여, 두 설계가 지닌 약점을 보완하고자 고안된 고급 실험설계 방식이다. 이 설계는 사전검사와 실험적 처치 간의 상호작용 효과를 통제하면서도, 사전검사와 사후검사 간의 변화 정도를 명확히 파악할 수 있도록 구성되어 있다.

R	O_1	X	O_2
R	O_3		O_4
R		X	O_5
R			O_6

2) 유사실험설계

유사실험설계는 실험집단과 통제집단을 무작위로 배정하기 어려운 현실적인 상황에서, 인과관계를 어느 정도 추론할 수 있도록 고안된 실험설계 방식이다. 이 설계는 통제집단이 전혀 없는 것보다는 유사한 집단을 비교 대상으로 설정함으로써 내적 타당도를 높이려는 목적을 가진다.

현장 연구에서는 실험집단과 통제집단을 엄격하게 구분하고 무작위로 배정하는 것이 매우 어렵기 때문에, 순수실험설계에 비해 내적 타당도는 다소 낮을 수 있지만, 실제 사회복지조사에서는 유사실험설계가 더 널리 활용된다. 특히 실천현장에서는 윤리적·행정적·구조적 제약으로 인해 무작위 배정이 불가능한 경우가 많기 때문이다.

유사실험설계는 준실험설계라고도 불리며, 대표적인 유형으로는 다음과 같은 설계들이 있다.

(1) 비동일 통제집단설계(비동일 비교집단설계)

비동일 통제집단설계는 순수실험설계의 통제집단 전후 비교설계와 유사한 구조를 가지고 있으나, 가장 큰 차이점은 실험집단과 통제집단을 무작위로 배정하지 않는다는 점이다. 이 설계에서는 연구자가 임의로 두 집단을 선정하고, 사전검사와 사후검사를 모두 실시하여 종속변수의 변화를 비교함으로써 실험 처치의 효과를 검증한다.

무작위 배정이 이루어지지 않았기 때문에 통제집단의 초기 상태가 실험집단과 동일하지 않을 가능성이 크다. 따라서 두 집단 간의 사전 동질성이 확보되지 않아 선택 편향이 발생할 수 있으며, 이는 내적 타당도를 저해하는 요인이 된다. 반면 실험집단과 통제집단을 모두 사용함으로써 역사요인, 성숙효과, 검사효과 등 일부 내적 타당도 저해요인은 일정 부분 통제할 수 있다.

이 설계에서는 실험집단과 유사한 특성을 가진 집단을 통제집단으로 설정하여, 사전검사와 실험 처치 간의 상호작용 효과가 발생할 수 있어 외적 타당도는 낮은 편이다. 또한 두 집단 간의 교류를 완전히 통제하기 어렵기 때문에 실험집단의 변화가 통제집단으로 모방되거나 확산되는 효과가 발생할 수 있다는 단점도 존재한다.

(2) 단순시계열설계

단순시계열설계는 통제집단을 별도로 설정하지 않고, 하나의 실험집단을 대상으로 시간 간격을 두고 여러 차례 반복 측정함으로써 개입의 효과, 즉 종속변수의 변화를 분석하는 실험설계 방식이다. 이 설계는 개입 전, 개입 시점, 개입 후의 변화를 연속적으로 관찰할 수 있어 집단의 경향성과 변화 추이를 파악하는 데 유리하다.

반복 측정을 통해 성숙효과, 검사요인 등 역사요인을 제외한 내적 타당도 저해요인들을 일정 부분 통제할 수 있으며, 통제집단 없이도 실험 처치의 효과를 추론할 수 있는 구조를 갖춘다. 특히 개입 전후의 변화뿐 아니라 시간에 따른 변화 패턴을 분석할 수 있다는 점에서 단순한 전후 비교보다 더 정교한 분석이 가능하다.

단일사례연구에 대해서는 다음 장에서 보다 상세하게 살펴보고자 한다.

3) 전실험설계

전실험설계는 실험설계의 기본 요건을 충분히 갖추지 못한 가장 단순한 형태의 실험설계로, 무작위 할당이 이루어지지 않고, 비교집단이 없거나 동질성이 보장되지 않은 집단을 대상으로 실험 처치를 실시하는 방식이다. 또한 독립변수의 조작에 따른 종속변수의 변화를 한두 번 정도만 관찰하는 제한적인 구조를 가지고 있다.

이 설계는 다음에 설명할 비실험설계와 유사하게 내적 타당도가 거의 없거나 매우 낮은 수준에 머무르며, 인과관계를 명확히 규명하기에는 한계가 많다. 탐색적 연구나 예비조사, 실천현장에서의 간단한 효과 검증을 위해 활용되기도 한다.

(1) 일회사례 설계

실험 처치를 한 후 단 한 번의 측정을 통해 효과를 평가하는 방식으로, 탐색을 목적으로 하는 연구에 유용하다.

$$X \quad O_1$$

(2) 단일집단 사전사후검사 설계

하나의 집단을 대상으로 사전검사와 사후검사를 실시하여 처치 전후의 변화를 비교하는 방식으로, 통제집단이나 비교집단을 확보하기 어려울 때 사용할 수 있다.

$$O_1 \quad X \quad O_2$$

(3) 비동일집단 사후비교설계

두 집단을 비교하되 사후검사만 실시하고 사전검사는 생략하는 방식으로, 이때 두 집단은 무작위로 배정되지 않으며 동질성이 보장되지 않는다.

$$\begin{array}{ll} X & O_1 \\ & O_2 \end{array}$$

4) 비실험설계

연구자가 독립변수를 인위적으로 조작하거나 통제하지 않고 자연스럽게 발생하는 현상이나 상황을 관찰하여 변수 간의 관계를 탐색하는 연구설계 방식으로, 실험집단과 통제집단을 명확히 나누거나 무작위 배정을 하지 않으며 실험적 개입 없이 자료를 수집하고 분석한다. 실험적 조작이나 통제집단을 설정할 수 없는 상황에서 활용되는 연구설계 방식으로, 실험설계의 핵심 요소들을 포함하지 않는다. 따라서 높은 내적 타당도를 확보하기는 어렵지만, 사회과학 분야에서는 현실적 여건의 제약과 조사 실행의 용이성 때문에 널리 사용되고 있다.

대부분의 사회과학 연구에서는 조사 상황을 인위적으로 조작하거나 연구대상을 무작위로 배정하는 것이 현실적으로 어렵다. 또한 독립변수를 인위적으로 조작하는 것이 불가능한 경우도 많기 때문에, 비실험설계는 실천적 대안으로서 중요한 역할을 한다.

CHAPTER 09

단일사례 설계

1. 단일사례 설계의 특징
2. 단일사례 설계의 유형
3. 개입효과의 평가(분석)

09 CHAPTER

단일사례 설계

1. 단일사례 설계의 특징

(1) 단일사례 설계의 특징

단일사례 설계는 개인, 가족, 또는 소집단을 대상으로 개입의 효과를 과학적으로 검증하기 위해 시계열설계를 한 사례에 적용한 것이다. 이 설계는 조사연구의 과정과 실천개입의 과정이 분리되지 않고 통합되어 있다는 점에서 큰 특징을 가진다. 즉, 실천개입이 계획되고 실행되는 과정 속에서 개입의 효과성에 대한 지속적인 피드백 정보를 제공할 수 있어, 실천현장에서 매우 유용하게 활용된다.

사회복지 분야에서는 특히 임상사회사업 영역에서 단일사례연구가 활발히 사용된다. 개인, 가족, 소집단의 심리사회적 기능을 유지하거나 향상시키는 데 필요한 개입의 효과를 검증하고, 이를 통해 실천이론을 발전시키는 데 기여한다. 반복적인 측정을 통해 개입 전후의 변화를 분석하고, 개입의 효과성을 실증적으로 확인할 수 있다는 점에서 실천 중심의 연구에 적합하다.

다만, 단일사례연구디자인은 외적 타당도가 낮아 연구결과를 넓은 모집단에 일반화하는 데에는 한계가 있다. 이는 연구대상이 제한적이고, 개입 효과가 특정 사례에 국한될 수 있기 때문이다. 따라서 이 설계는 개별 사례에 대한 깊이 있는 분석과 실천적 적용에는 강점이 있지만, 일반화보다는 사례 중심의 이해와 실천 개선에 초점을 두는 방식으로 활용된다.

(2) 단일사례 설계의 기본 구조 : 기초선 단계(A)와 개입 단계(B)

① 기초선 단계

개입 전 표적행동의 상태를 관찰하는 기간을 말하며 적어도 3회 이상의 관찰이 필요하다. 기초선을 설정하면 시간의 경과에 따른 표적행동의 변화 양상을 미리 파악할 수 있어 성숙효과를 어느 정도 통제할 수 있다.

② 개입 단계

표적행동에 대한 개입이 이루어지는 기간을 말하며 개입 단계 또한 관찰 횟수가 적어도 3회는 되어야 한다.

2. 단일사례 설계의 유형

1) AB 설계

개입 전의 상태(A)를 일정 기간 관찰한 후 개입(B)을 실시하고 그 효과를 비교하는 방식이다. 이 설계는 구조가 간단하고 실행이 용이하지만, 개입 외의 요인에 의한 변화 가능성을 배제하기 어려워 내적 타당도가 낮다는 한계가 있다.

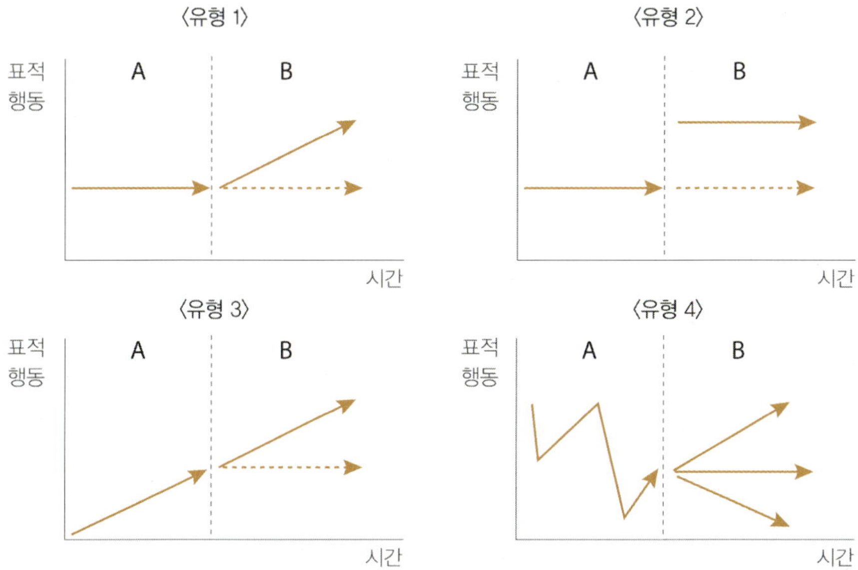

| 그림 9-1 | AB 설계의 유형

2) ABA 설계, ABAB 설계

ABA 설계는 개입을 중단한 후 다시 기초선(A)으로 돌아가 변화 여부를 관찰함으로써 개입의 효과를 검증한다. 만약 개입이 중단되었을 때 변화가 사라진다면, 그 변화는 개입의 결과로 해석할 수 있어 AB 설계보다 내적 타당도가 높다.

ABAB 설계는 개입과 중단을 반복함으로써 개입의 효과가 일관되게 나타나는지를 확인하는 방식이다. 이 설계는 실험적 통제가 강화되어 인과관계를 보다 명확히 검증할 수 있으며, 실천현장에서 개입의 지속성과 반복 효과를 분석하는 데 적합하다.

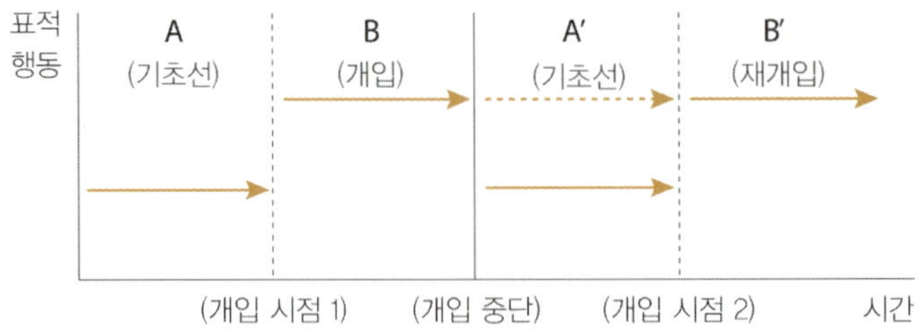

|그림 9-2| ABA 또는 ABAB 설계

3) BA 설계, BAB 설계

BA 설계는 단일사례연구디자인에서 기초선(A) 관찰 없이 바로 개입(B)부터 시작하는 설계로, 실천현장의 급박한 상황에서 기초선 기간을 둘 수 없는 경우에 활용된다. 즉, 개입이 시급하게 요구되는 상황에서는 개입을 먼저 실시한 후 일정 기간 동안 표적행동의 변화를 관찰하고, 이후 개입을 중단함으로써 개입의 효과를 확인하려는 방식이다. 이때 개입 중단 시점은 대개 서비스가 종료되는 시점과 일치하며, 그 시점이 기초선(A) 역할을 하게 된다.

그러나 BA 설계는 개입 이전의 경향성을 파악하지 못한 채 개입을 시작하기 때문에 이후 나타나는 변화가 개입의 효과인지, 아니면 외부 요인에 의한 것인지 확인하기 어렵다는 한계가 있다. 이러한 내적 타당도의 약점을 보완하기 위해 고안된 것이 BAB 설계이다.

BAB 설계는 BA 설계에 재개입(B)을 한 번 더 반복함으로써 개입의 효과를 보다 명확히 검증할 수 있도록 구성된 설계이다. 즉, 첫 번째 개입(B)을 실시한 후 개입을 중단하여 변화 여부를 확인하고, 다시 동일한 개입(B)을 반복함으로써 첫 번째 개입 당시의 상태 이상으로 회복되는지를 관찰한다. 이러한 반복적 구조는 개입의 효과에 대한 확신을 높이고, 실천적 의사결정에 유용한 근거를 제공한다.

BAB 설계는 기초선 없이 시작된 개입의 효과를 검증할 수 있는 현실적 대안으로, 특히 실천현장에서 개입의 지속성과 반복 효과를 분석하고자 할 때 유용하게 활용된다. 다만, 반복 측정과 개입의 중단·재개가 대상자에게 미치는 영향을 충분히 고려하여 설계를 구성해야 하며, 외적 타당도 확보에는 여전히 제한이 있을 수 있다.

4) ABCD 설계

ABCD 설계는 단일사례연구디자인에서 복수의 개입을 시간 순으로 단계적으로 적용하여 각 개입이 대상자의 행동이나 상태에 미치는 영향을 분석하는 방식이다. ABCD 설계는 특히 복합적인 문제를 가진 사례에 대해 단계별로 개입을 구성하고, 각 개입의 효과를 체계적으로 검토하고자 할 때 유용하다.

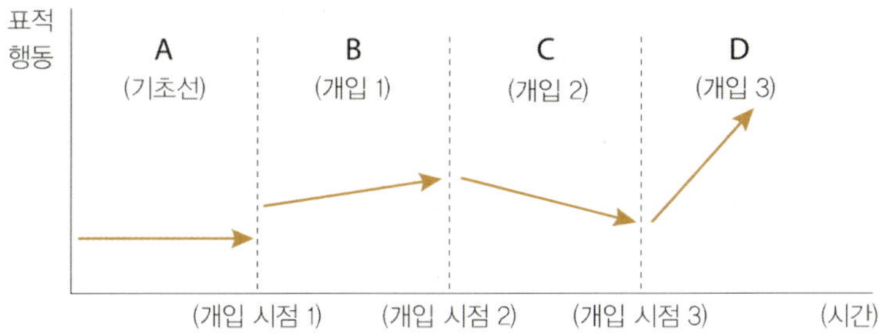

❙그림 9-3❙ ABCD 설계

5) 다중요소 설계

개입이 효과가 없다고 판단될 경우 클라이언트와 협의하에 개입방법을 변경 또는 수정할 수 있다.

(1) 강도변화 설계

개입방법 자체를 바꾸지 않고 강도를 변화시키는 설계방법으로, 예를 들어 정신장애인의 안정적 직업활동을 지원하기 위해 사회기술훈련을 실시하는 경우, 첫 단계에서 개선사항이 기대치에 못 미칠 경우 처음보다 사회기술훈련 시간을 더 늘리는 방식으로 훈련 강도를 높이고, 만일 이 방법의 효과가 기대치에 못 미치면 훈련 강도를 더 높이는 개입을 실시한다.

(2) 개입대처 설계

개입방법 자체를 다른 방법으로 바꾸는 설계로, 예를 들어 정신장애인의 안정적 직업활동을 지원하기 위해 사회기술훈련을 실시했는데 기대만큼 개입의 효과가 나타나지 않아 지원고용 프로그램으로 방법을 수정하고, 그래도 여전히 개입의 효과가 나타나지 않으면 옹호 프로그램으로 개입방법을 변경하는 것이다.

6) 다중기초선 설계(복수기초선 설계)

동일한 개입을 여러 대상(예 개인, 행동, 환경 등)에 순차적으로 적용하여 그 효과를 비교하는 방식이다. 개입 시점을 다르게 설정함으로써 외부 요인의 영향을 통제할 수 있으며, 개입의 일반화 가능성을 높일 수 있다는 장점이 있다.

〈표 9-1〉 다중기초선 설계의 유형

유형	내용
문제 간 다중기초선 설계	• 동일한 개입을 특정 연구대상자의 여러 표적행동(예 동생을 때리는 문제, 욕하는 문제, 취침이 늦는 문제)에 적용하여 개입의 효과를 평가 • 이때 대상이 되는 문제는 상호 독립적이어야 한다. 문제가 서로 관련된 경우, 한 행동의 변화가 자동으로 다른 행동의 변화에 영향을 미치게 되어 개입의 독립적 효과를 약하게 만들거나 불확실하게 만들기 때문이다.
상황 간 다중기초선 설계	• 특정 개입이 같은 대상자의 같은 문제를 서로 다른 몇 가지 상황(예 등교 상황에서의 지각, 귀가 상황에서의 지각, 가정학습 상황에서의 지각)에서 해결하는 데 효과가 있는지를 평가하는 설계 • 만약 개입이 여러 다른 상황에서 같은 사람의 같은 문제행동에 변화를 가져왔다면 개입과 표적 문제 사이의 인과관계에 대한 확신은 높아진다.

대상자 간 다중기초선 설계	• 특정 개입이 같은 상황에서 같은 문제를 가진 두 명 이상의 다른 대상자(예 아동 A, 아동 B, 아동 C)에게 적용될 때 효과가 있는지를 평가하기 위해 복수의 조사대상자에게 개입 시기를 다르게 도입하는 설계 • 같은 상황에서 같은 문제를 가진 여러 사람에게 기초선과 개입 간 표적행동에 차이가 나타났다면 표적행동의 변화가 개입으로 인한 효과임을 확신할 수 있다. • 연구대상자의 수가 증가할수록 내적 타당도는 증가한다. • 일부 연구대상자에게 개입의 제공이 지연되는 문제를 갖는다.

출처 : 사회복지사 국가자격시험 연구회(2025).

3. 개입효과의 평가(분석)

1) 그래프에 대한 시각적 분석

(1) 변화의 파동

관찰된 표적행동의 특성이 시간의 경과에 따라 변화하는 진폭의 크기를 확인한다. 파동의 적고 관찰 횟수가 많을수록 개입의 효과를 확실히 알 수 있다.

(2) 변화의 경향

기초선에서 특정 변화의 경향이 있었는지 확인한다. 기초선 기간의 변화 경향과 개입 기간의 변화 경향이 일치하면 개입의 효과를 판단하기 어렵고 상반되면 개입의 효과를 판단하기 쉽다.

(3) 변화의 수준

관찰된 표적행동의 점수가 어느 정도인지를 확인한다. 기초선에서의 점수와 개입 기간에서의 점수 간 차이가 클수록 개입의 효과에 대한 확신이 높아진다.

2) 통계적 분석

기초선 단계와 개입 단계 간의 평균비교를 통해 개입 전후의 차이를 확인한다. 통계적 분석은 단일사례연구의 결과를 보다 객관적으로 해석하고, 실천적 의사결정에 신뢰성 있는 근거를 제공하는 데 중요한 역할을 한다. 다만, 분석 결과의 해석은 자료의 질, 측정의 일관성, 외부 요인의 통제 여부 등을 함께 고려해야 하며, 통계적 유의성만으로 개입의 효과를 단정 짓는 것은 바람직하지 않다.

〈표 9-2〉 통계적 분석방법

구분	내용
평균비교방법	• 기초선 단계와 개입 단계의 평균을 비교하여 개입효과를 통계적으로 판단 • 평균비교에서는 평균과 표준편차를 함께 고려해야 함
경향선 분석	• 기초선이 불안정하게 형성되어 기초선에서 관찰값이 증가하거나 감소하는 경향을 보일 때 사용 • 평균비교방법이 단순히 기초선의 변화 폭만을 고려한다면, 경향선 분석은 변화의 폭과 기울기를 동시에 고려 • 개입이 없다면 A에서의 경향이 계속될 것으로 가정하고 가상의 연장선(경향선)을 그은 후 B의 관찰값이 이 경향선에서 벗어난 정도가 클수록 개입이 효과적이었다고 판단 • 경향선은 기초선의 측정값을 두 영역으로 나누어 각 영역의 주안점을 연결하여 구함
비율-빈도 방법	• 바람직한 행동을 하느냐 안 하느냐를 따져 바람직한 행동을 한 비율을 계산한 후 바람직한 행동을 한 비율과 빈도로 개입효과를 판단 • 자료의 기록이 '예' 와 '아니요'로 이분화된 경우에 활용

출처 : 사회복지사 국가자격시험 연구회(2025).

3) 실용적 분석

단일사례연구나 실천현장에서 개입의 효과를 평가할 때, 통계적 유의성보다는 실제 생활에서의 의미 있는 변화가 있었는지를 판단하는 분석방식이다. 이 분석은 숫자나 통계 수치만으로는 설명하기 어려운 변화를 포착하는 데 유용하며, 실천가가 개입의 효과를 직관적으로 이해하고, 클라이언트의 반응을 실질적으로 평가할 수 있도록 돕는다. 예를 들어, 클라이언트가 상담 이후 학교 출석률이 눈에 띄게 증가하거나 가족과의 갈등이 현저히 줄어든 경우, 이러한 변화는 통계적으로는 미미할 수 있지만 실용적으로는 매우 중요한 성과로 간주된다.

CHAPTER 10

질문지 조사와 면접조사

10 CHAPTER 질문지 조사와 면접조사

1. 질문지 조사

질문지 조사는 사회복지조사에서 가장 널리 사용되는 자료수집방법 중 하나로, 구조화된 설문지를 통해 응답자로부터 직접 정보를 수집하는 방식이다. 이 조사방법은 특정 시점을 기준으로 다수의 조사대상자로부터 자료를 수집하며, 응답자가 설문지에 직접 내용을 기입하는 것이 특징이다. 이러한 방식은 양적 분석을 전제로 하며, 표준화된 질문을 통해 응답자의 반응을 수치화하여 통계적으로 분석할 수 있도록 한다.

질문지 조사는 면접조사와 구분되는데, 면접조사 역시 질문지를 사용하지만 조사자가 질문을 읽고 응답자의 답변을 대신 기록한다는 점에서 차이가 있다. 반면 협의의 질문지 조사는 조사자의 개입 없이 응답자가 스스로 설문지를 작성하는 방식으로 진행된다. 이로 인해 응답자의 자율성이 높아지지만, 응답의 정확성과 응답률은 조사방식에 따라 달라질 수 있다.

질문지 조사는 자료를 수집하는 방식에 따라 집합조사, 배포조사, 우편조사, 전화조사, 온라인 조사로 나누어진다.

1) 질문지 조사의 장점

첫째, 질문지 조사는 대규모 모집단으로부터 적은 비용으로 다양한 정보를 수집할 수 있다는 점에서 효율적이다. 면접조사에 비해 시간과 노력, 비용이 적게 들며, 우편, 전화, 온라인 등 다양한 방식으로 실시할 수 있어 접근성이 높다. 특히 사람들이 집합해 있는 장소에서는 짧은 시간 안에 많은 응답자를 대상으로 조사를 진행할 수 있다.

둘째, 질문지 조사는 조사자의 주관이 개입될 가능성이 낮아 자료의 객관성을 확보할 수 있다. 면접이나 관찰과 같은 방법은 조사자의 해석이나 태도에 따라 결과가 영향을 받을 수 있지만, 질문지 조사는 표준화된 설문지를 사용하므로 조사자의 개입이 최소화되어 보다 객관적인 자료수집이 가능하다.

셋째, 피조사자의 익명성이 보장되므로 응답자는 비교적 솔직하게 자신의 의견을 표현할 수 있다. 면접조사의 경우 응답자가 자신의 신원이 노출된 상태에서 응답해야 하므로 민감한 질문에 대해 부담을 느낄 수 있지만, 질문지 조사는 익명으로 응답할 수 있어 보다 자유롭고 진실된 정보를 얻을 수 있다.

넷째, 질문지 조사는 응답자가 충분한 시간과 공간적 여유를 가지고 응답할 수 있기 때문에 비교적 정확한 정보를 얻을 수 있다. 특히 우편조사나 온라인 조사의 경우 응답자가 자신의 편한 시간에 설문에 응할 수 있어 신중한 응답이 가능하다. 다만, 집합조사의 경우에는 시간적 제약이 있을 수 있다.

다섯째, 질문지 조사는 응답자의 과거 행동이나 사적인 행위에 대한 정보까지 수집할 수 있다. 관찰조사는 현재의 행동만을 파악할 수 있는 반면, 질문지 조사는 응답자의 기억과 인식을 바탕으로 과거의 경험이나 내면적인 생각까지 조사할 수 있다.

여섯째, 질문지 조사는 비교적 외적 타당도가 높아 결과의 일반화 가능성이 크다. 다양한 방식으로 광범위한 응답자에게 접근할 수 있기 때문에 표본오차가 존재하더라도 전체 모집단에 대한 일반화 수준이 높다.

마지막으로, 질문지 조사는 표준화된 설문지를 활용함으로써 수집된 자료의 비교 가능성과 정확도를 높일 수 있다. 모든 응답자에게 동일한 질문을 동일한 방식으로 제시함으로써 자료 간의 비교가 가능하며, 이후 분석 과정에서도 일관된 기준을 적용할 수 있어 분석의 신뢰성을 높인다.

2) 질문지 조사의 단점

첫째, 질문지 조사는 조사의 융통성이 부족하여 응답자의 심리적 상태나 질문에 대한 이해도를 파악하기 어렵다. 특히 집합조사를 제외하면 응답자가 질문 내용을 이해하지 못하더라도 조사자에게 질문하거나 설명을 들을 수 있는 기회가 없기 때문에, 응답의 정확성이 떨어질 수 있다. 이로 인해 수집된 자료가 피상적일 가능성이 있다.

둘째, 질문지 조사는 응답자의 응답 내용에만 전적으로 의존하기 때문에, 비언어적 행위나 개인적인 특성은 자료로 활용할 수 없다. 설문지는 고정된 문항으로 구성되어 있어 응답자의 감정, 태도, 또는 상황적 맥락을 파악하기 어렵고, 응답자가 제공한 정보 외에는 추가적인 해석이나 보완이 불가능하다.

셋째, 질문지 조사는 문해력이 부족한 응답자에게는 적용이 어렵다. 예를 들어, 아동이나 고령자 중 글을 읽고 쓰는 데 어려움을 겪는 사람들은 설문지를 이해하거나 작성하는 데 제한이 있어, 이들을 대상으로 한 조사는 부적절할 수 있다.

넷째, 질문지 조사는 무응답에 대한 통제가 어렵다. 익명성이 보장되는 특성상 응답자가 특정 문항에 응답하지 않더라도 이를 확인하거나 보완할 수 있는 방법이 없다. 반면 면접조사의 경우 조사자가 직접 질문하고 응답을 유도할 수 있어 무응답을 줄일 수 있다.

마지막으로, 질문지 조사는 한 시점에서만 자료를 수집하기 때문에 시계열적인 정보, 즉 시간의 흐름에 따른 변화나 추세를 파악하기 어렵다. 이는 사회복지 현상처럼 시간에 따라 변화하는 문제를 다룰 때 중요한 한계로 작용할 수 있다.

3) 질문지 조사의 종류

(1) 집합조사

집합조사는 조사자가 피조사자를 동일한 장소에 집합시킨 후, 설문지를 배포하고 필요시 간단한 설명을 덧붙이며 진행하는 조사방법이다. 이 방식은 조사대상자와 개별적으로 접촉하기 어렵거나, 각 개인의 연락처를 확보하기 어려운 상황에서 유용하게 활용된다. 조사자가 현장에 입회하여 조사하기 때문에, 응답자가 질문 내용을 이해하지 못할 경우 즉시 질문하고 설명을 들을 수 있어 응답의 정확성을 높일 수 있다.

집합조사의 장점은 다음과 같다. 첫째, 짧은 시간 내에 많은 응답자를 대상으로 조사할 수 있어 효율적이다. 둘째, 조사 절차가 간편하고 비용이 상대적으로 적게 들며, 조사자가 직접 현장에 참여함으로써 조사 조건을 표준화하여 일관성을 유지할 수 있다. 셋째, 응답자가 질문에 대해 이해하지 못하는 경우 즉각적인 보충설명이 가능하다는 점에서 응답의 질을 높일 수 있다.

반면, 집합조사의 단점은 다음과 같다. 첫째, 조사대상자를 한 장소에 집합시키는 것이 현실적으로 어렵고, 시간과 장소의 제약이 크다. 둘째, 표본추출을 조사자가 직접 통제하기 어려워, 집합을 주도하는 기관이나 단체에 의존하게 되며, 이로 인해 표본추출에 편향(bias)이 발생할 가능성이 높다. 셋째, 응답자가 주변 사람의 영향을 받을 가능성이 크고, 응답의 독립성이 저해될 수 있다. 넷째, 다른 질문지 조사 방식에 비해 비용이 더 많이 들 수 있다. 마지막으로 무응답이나 오기에 대한 통제가 어렵다.

(2) 배포조사

배포조사는 조사자가 피조사자에게 설문지를 직접 배포한 후, 응답자가 스스로 설문지를 작성하여 응답하는 방식의 조사이다. 이 방법은 집합조사와 달리 조사자가 조사 현장에 입회하지 않기 때문에, 조사자가 직접 응답 과정을 관리하거나 질문에 대한 설명을 제공할 수 없다. 따라서 응답자는 설문지를 받은 후 자신의 시간과 공간적 여유에 따라 자유롭게 응답하게 된다.

배포조사는 조사자가 피조사자와 직접 접촉하지 않고도 자료를 수집할 수 있는 점에서 편리하며, 개별 면담이나 집합조사가 어려운 상황에서 유용하게 활용된다. 그러나 조사자의 부재로 인해 응답자의 이해 부족이나 응답 오류에 대한 즉각적인 대응이 어렵다는 한계가 있다.

배포조사의 장점은 다음과 같다. 첫째, 응답자에게 시간적 여유를 제공함으로써 보다 신중한 응답을 유도할 수 있다. 응답자는 자신의 일정에 맞춰 설문에 응할 수 있어 부담이 적고, 편리하게 조사를 진행할 수 있다. 둘째, 조사 비용이 상대적으로 적게 들며, 조사자의 현장 참여가 필요 없기 때문에 인력과 자원의 소모가 줄어든다. 셋째, 우편조사에 비해 회수율이 높은 편으로, 설문지를 직접 전달하고 일정 시간 후 회수하는 방식이기 때문에 응답자의 참여율을 높일 수 있다.

반면, 배포조사는 다음과 같은 단점이 있다. 첫째, 질문지가 잘못 기입되었을 경우 이를 수정하거나 보완할 수 있는 방법이 없다. 조사자가 현장에 없기 때문에 응답자의 실수나 오해를 바로잡을 수 없다. 둘째, 질문 내용이 애매하거나 이해하기 어려운 경우에도 보충설명이 불가능하여 응답의 정확성이 떨어질 수 있다. 셋째, 응답자 통제가 어렵고, 설문지를 실제로 응답자가 직접 작성했는지, 혹은 제3자의 영향을 받았는지 확인할 수 없다. 이는 자료의 신뢰성에 영향을 줄 수 있다.

(3) 우편조사

우편조사는 설문지를 우편을 통해 피조사자에게 발송하고, 응답자가 편리한 시간과 장소에서 설문에 응답한 후, 반송용 봉투를 이용해 다시 회수하는 방식의 조사이다. 이 방법은 지리적 제약 없이 광범위한 지역을 대상으로 조사할 수 있으며, 비용이 저렴하고 조사 절차가 간단하다는 점에서 사회복지조사에서 자주 활용된다. 특히 개별 면담이나 현장 조사가 어려운 경우에 효과적인 대안이 될 수 있다.

우편조사의 장점은 다음과 같다. 첫째, 넓은 지역에 걸쳐 조사할 수 있어 지리적 접근성이 뛰어나다. 둘째, 물리적으로 접근이 어려운 대상자에게도 조사 가능하므로 조사대상의 범위를 넓힐 수 있다. 셋째, 다른 조사방법에 비해 시간과 비용이 적게 들며, 조사자의 현장 참여가 필요 없기 때문에 효율적이다. 넷째, 응답자가 자신이 편리한 시간과 장소에서 충분한 시간을 가지고 응답할 수 있어, 보다 신중하고 정확한 응답을 기대할 수 있다. 다섯째, 많은 사람을 표본으로 삼을 수 있어 대표성과 외적 타당성을 확보할 수 있다. 마지막으로, 익명성이 보장되므로 민감한 질문에 대해 솔직한 응답을 유도할 수 있어, 개인적인 의견이나 경험을 자유롭게 표현할 수 있다.

반면, 우편조사의 단점은 다음과 같다. 첫째, 가장 큰 단점은 회수율이 낮다는 점이다. 응답자가 설문지를 작성하지 않거나 반송하지 않는 경우가 많으며, 응답자와 불응답자 간 인구통계학적 특성의 차이가 존재할 경우, 표본의 대표성에 문제가 생겨 조사결과의 일반화가 어려워질 수 있다. 둘째, 조사의 융통성이 부족하여 애매한 질문에 대한 보충설명이 불가능하다. 응답자가 질문을 잘못 이해하더라도 이를 교정할 수 있는 방법이 없기 때문에 응답의 정확성이 떨어질 수 있다. 셋째, 불성실한 응답이나 일부 문항에 대한 무응답이 발생해도 이를 통제할 수 없다. 넷째, 응답자가 본인이 아닌 제3자일 가능성이나 제3자의 영향을 받았는지를 확인할 수 없어, 자료의 신뢰성에 문제가 생길 수 있다. 마지막으로, 복잡한 사회현상이나 심층적인 연구에는 적합하지 않다. 우편조사는 글로 표현된 단순한 질문에 의존하기 때문에, 복잡한 맥락이나 깊이 있는 응답을 요구하는 조사에는 한계가 있다.

(4) 전화조사

전화조사는 조사자가 피조사자에게 전화로 직접 질문을 하고, 그 응답을 기록하는 방식의 조사이다. 이 방법은 조사자가 응답자와 직접 대면하지 않고도 실시간으로 자료를 수집할 수 있다는 점에서 간편하고 접근성이 높은 조사방법이다. 전화조사는 일반적으로 질문문항 수를 적게 하고 내용도 간략하게 구성해야 하며, 조사자는 전화 시작 시 조사의 목적과 취지, 소요 시간 등을 정중하게 설명하고 응답자의 동의를 구하는 것이 바람직하다.

전화조사의 장점은 다음과 같다. 첫째, 조사 절차가 간편하고 시간과 비용이 적게 든다. 조사자가 직접 현장에 나가지 않아도 되므로 인력과 자원의 소모가 줄어든다. 둘째, 접근성이 뛰어나며, 특히 지리적으로 떨어져 있는 응답자에게도 쉽게 접근할 수 있다. 셋째, 단시간 내에 필요한 정보를 확보할 수 있어, 시간 효율성이 높다. 넷째, 전화번호부나 통신자료를 활용하면 무작위 추출이 가능하여 표본을 쉽게 구성할 수 있다.

반면, 전화조사의 단점은 다음과 같다. 첫째, 조사 시간이 제한적이기 때문에 복잡하거나 장문의 질문을 포함하기 어렵다. 응답자는 전화통화에 오랜 시간을 할애하기 어려워 간단한 질문 위주로 구성해야 하며, 이는 자료의 깊이를 제한한다. 둘째, 응답 거부가 많고, 응답자가 조사에 적극적으로 참여하지 않을 경우 자료의 신뢰성이 떨어질 수 있다. 셋째, 상세한 정보나 심층적인 응답을 얻기 어려우며, 응답자가 마지못해 응답하는 경우에는 응답의 타당성에 문제가 생길 수 있다. 넷째, 전화조사는 청각적 매체에 의존하기 때문에 비언어적 정보나 응답자의 태도, 표정 등을 파악할 수 없어, 응답의 맥락을 이해하는 데 한계가 있다.

(5) 온라인 조사

온라인 조사는 인터넷을 기반으로 설문을 실시하는 조사방법으로, 이메일을 통한 설문 발송, 홈페이지나 웹 플랫폼을 활용한 설문 응답, 또는 전문조사기관의 온라인 시스템을 이용한 조사 등 다양한 방식으로 이루어진다. 기존의 오프라인 조사와 달리, 온라인 조사는 자료수집, 코딩, 분석 등의 과정이 실시간으로 이루어지기 때문에 인력, 시간, 비용 면에서 매우 경제적이다. 또한 인터넷이 연결된 지역이라면 지리적 제약 없이 빠르게 조사할 수 있는 접근성의 장점을 가진다.

온라인 조사의 장점은 다음과 같다. 첫째, 조사에 필요한 인력과 자원이 적게 들며, 자료수집과 분석이 자동화되어 있어 시간과 비용 면에서 효율적이다. 둘째, 응답자가 인터넷을 통해 쉽게 접근할 수 있어, 단시간 내에 많은 응답을 확보할 수 있다. 셋째, 인터넷이 연결된 지역이라면 어디든지 조사 가능하므로, 지리적 제약 없이 광범위한 대상에게 접근할 수 있다.

그러나 온라인 조사는 몇 가지 단점도 지닌다. 첫째, 응답자의 기록이 남기 때문에 특별한 장치를 하지 않으면 익명성 보장이 어렵다. 이는 민감한 질문에 대한 응답에 영향을 줄 수 있다. 둘째, 온라인에 접속한 응답자만을 대상으로 하기 때문에 표본의 대표성을 확보하기 어렵다. 디지털 접근성이 낮은 계층은 조사에서 배제될 수 있어, 결과의 일반화에 한계가 생길 수 있다. 셋째, 응답자의 신분을 확인할 방법이 제한적이며, 중복 응답이나 제3자의 응답 여부를 통제하기 어렵다. 이는 자료의 신뢰성과 타당성에 영향을 줄 수 있다. 마지막으로, 온라인 조사는 응답자의 자발적인 참여에 의존하기 때문에 응답률이 불규칙하고, 응답자의 집중도나 성실성에 따라 자료의 질이 달라질 수 있다.

2. 면접조사

면접조사는 연구자와 응답자 간의 언어적 상호작용을 통해 자료를 수집하는 방법으로, 주로 면대면의 직접적인 접촉을 기반으로 이루어진다. 이 조사방법은 질문과 응답이라는 구조적 대화를 통해 응답자의 생각, 경험, 태도 등을 심층적으로 파악할 수 있다는 점에서 사회복지조사에서 중요한 역할을 한다.

면접조사는 단순한 질문과 답변의 교환을 넘어, 의사소통의 상호작용이 중심이 되는 조사방식이다. 이러한 상호작용은 다양한 요인의 영향을 받는데, 대표적으로 면접자, 응답자, 면접상황, 그리고 연구주제가 있다.

1) 면접조사의 장단점

면접조사는 사회복지조사에서 자주 활용되는 자료수집방법 중 하나로, 연구자와 응답자 간의 직접적인 언어적 상호작용을 통해 정보를 얻는 방식이다. 이 방법은 응답자의 태도, 감정, 비언어적 표현까지 포착할 수 있어 심층적인 자료수집이 가능하지만, 동시에 시간과 비용 등 여러 제약도 존재한다. 면접조사의 장단점을 다음과 같이 정리할 수 있다.

(1) 면접조사의 장점

① 융통성

면접자는 응답자가 질문을 이해하지 못하거나 오해했을 경우, 질문을 반복하거나 쉽게 설명할 수 있으며, 필요시 추가 질문을 통해 보다 정확한 정보를 얻을 수 있다. 이러한 융통성은 면접조사의 큰 강점이다.

② 높은 응답률

면접조사는 설문지를 회수할 필요가 없고, 문해력이 부족한 응답자도 참여할 수 있어 다른 조사방법에 비해 응답률이 높다. 이는 다양한 계층의 참여를 가능하게 하며, 대표성 있는 자료 확보에 기여한다.

③ 타당도 높은 자료수집

면접자는 질문을 재해석하거나 반복함으로써 응답자의 이해를 돕고, 보다 정확한 응답을 유도할 수 있다. 또한 응답자의 비언어적 표현까지 관찰함으로써 자료의 타당성을 높일 수 있다.

④ 환경의 통제

면접은 제3자의 개입을 방지하고, 면접자와 응답자 간의 개별적인 환경에서 진행될 수 있어 면접환경을 표준화할 수 있다. 이는 응답자의 심리적 안정과 응답의 질 향상에 긍정적인 영향을 미친다.

⑤ 비언어적 행위 관찰 가능

응답자의 표정, 몸짓, 말투 등 비언어적 행위를 관찰함으로써 응답의 진정성과 감정 상태를 파악할 수 있으며, 이는 자료의 해석에 중요한 단서를 제공한다.

⑥ 복잡한 질문 가능

면접조사는 도표, 그림, 동영상 등 시각적 자료를 활용한 복잡한 질문을 제시할 수 있으며, 응답자가 이해하고 응답하는 데 도움을 줄 수 있다. 이는 구조화된 질문지보다 더 깊이 있는 정보수집을 가능하게 한다.

(2) 면접조사의 단점

① 많은 시간과 비용 소요

면접은 조사 준비, 진행, 정리까지 많은 시간이 소요되며, 면접자의 선발과 훈련, 출장비 등 다양한 비용이 발생한다. 이는 대규모 조사에 있어 큰 부담이 될 수 있다.

② 면접자의 편의 발생 가능성

면접자의 능력이나 태도에 따라 응답자의 말을 잘못 이해하거나 기록 과정에서 오류가 발생할 수 있다. 이는 자료의 신뢰도에 영향을 줄 수 있다.

③ 응답자의 참고기회 부족

면접은 즉각적인 응답을 요구하기 때문에 응답자가 자료를 검색하거나 충분히 숙고할 수 있는 시간이 부족하다. 이로 인해 응답의 정확성이 떨어질 수 있다.

④ 익명성의 부족

면접은 응답자의 신원이 사전에 파악된 상태에서 진행되므로 익명성이 보장되지 않는다. 특히 민감한 주제에 대해서는 응답자가 진실된 응답을 꺼리거나 거부할 가능성이 있다.

⑤ 표준화된 질문의 결여

면접자는 상황에 따라 질문을 융통성 있게 조정하기 때문에 응답자 간의 응답이 일률적이지 않을 수 있다. 이는 자료의 비교와 분석에 어려움을 줄 수 있다.

⑥ 낮은 접근성

응답자가 지리적으로 분산되어 있을 경우 면접자가 직접 찾아가야 하므로 접근성이 낮고 조사 진행에 어려움이 많다.

2) 면접조사의 종류

면접조사는 다양한 기준에 따라 분류될 수 있으나, 일반적으로 면접내용의 구성 형식에 따라 표준화 면접, 비표준화 면접, 반표준화 면접으로 나뉜다. 각 면접 유형은 자료수집의 목적, 응답자의 특성, 연구주제의 민감성 등에 따라 선택되며, 면접자의 역할과 질문 방식에 따라 조사결과의 신뢰성과 타당성에 영향을 미친다.

(1) 표준화 면접

표준화 면접은 사전에 정해진 질문지에 따라 질문의 내용, 순서, 어조까지 일관되게 제시하는 방식으로 진행된다. 면접자는 질문을 임의로 변경하거나 추가할 수 없으며, 모든 응답자에게 동일한 방식으로 질문을 제시해야 한다. 이는 조사과정의 일관성과 응답의 비교 가능성을 높이는 데 목적이 있다.

〈표 10-1〉 **표준화 면접의 장단점**

구분	내용
장 점	• 자료의 표준화로 인해 응답 간 비교가 가능하다. • 면접자의 편의나 해석 오류를 줄일 수 있다. • 조사시간이 예측 가능하고 효율적이다.
단 점	• 응답자의 개별적 상황이나 감정을 반영하기 어렵다. • 융통성이 부족하여 심층적인 정보수집에 한계가 있다. • 민감하거나 복잡한 주제에 대해 충분한 설명이나 대응이 어렵다.

(2) 비표준화 면접

비표준화 면접은 면접조사 방식 중 가장 자유로운 형태로, 사전에 정해진 질문지나 질문 순서 없이 면접자가 응답자와의 대화를 통해 자연스럽게 자료를 수집하는 방식이다. 이 면접은 연구문제의 범위만 설정된 상태에서 진행되며, 질문의 내용, 형식, 순서 등이 면접자의 판단에 따라 유동적으로 구성된다.

이러한 방식은 응답자의 개별적 경험과 감정을 깊이 있게 탐색할 수 있는 장점이 있지만, 면접자의 전문성과 숙련도가 매우 중요하다. 면접자는 상황에 따라 적절한 질문을 제시하고, 응답자의 반응을 민감하게 포착하며, 대화를 유도하는 능력을 갖추어야 한다.

〈표 10-2〉 비표준화 면접의 장단점

장 점	• 심층적 자료수집 가능 : 응답자의 개별적 경험과 감정을 자유롭게 표현할 수 있어 표면적인 정보뿐 아니라 내면적 동기와 맥락까지 파악할 수 있다. • 유연한 질문 구성 : 면접자는 응답자의 반응에 따라 질문을 즉각적으로 조정하거나 새로운 질문을 추가할 수 있어 보다 풍부한 자료를 수집할 수 있다. • 응답자의 부담 감소 : 형식적 질문이 아닌 자연스러운 대화 형식으로 진행되기 때문에 응답자가 심리적으로 안정된 상태에서 응답할 수 있다. • 비언어적 정보수집 가능 : 응답자의 표정, 태도, 말투 등 비언어적 표현을 통해 응답의 진정성과 감정 상태를 파악할 수 있다.
단 점	• 자료의 비교 및 분석 어려움 : 질문 내용과 형식이 응답자마다 다르기 때문에 응답 간 비교가 어렵고, 통계적 분석에 제한이 있다. • 면접자의 편의 발생 가능성 : 면접자의 주관이 개입될 여지가 많아 자료의 객관성과 신뢰성이 저하될 수 있다. • 조사시간과 비용 증가 : 면접의 준비와 진행, 자료 정리에 많은 시간이 소요되며, 면접자의 전문성 확보를 위한 훈련 비용도 발생한다. • 표준화 부족으로 인한 타당성 문제 : 질문의 일관성이 부족하여 응답의 타당성을 확보하기 어려울 수 있다.

(3) 반표준화 면접

반표준화 면접은 표준화 면접과 비표준화 면접의 중간 수준에 해당하는 조사방법으로, 면접의 주요 질문만을 사전에 표준화하고 나머지 질문은 면접자의 판단에 따라 융통성 있게 진행하는 방식이다. 이 면접은 질문의 핵심 내용이 포함된 면접 지침을 활용하며, 면접자는 이 지침의 범위 내에서 자유롭게 질문을 조정하거나 추가할 수 있다.

이러한 방식은 응답자의 개별적 특성과 상황을 반영하면서도 일정 수준의 구조를 유지할 수 있어 사회복지조사에서 자주 활용된다. 특히 민감하거나 복잡한 주제를 다룰 때, 응답자의 심리적 안정과 자료의 타당성을 동시에 확보할 수 있는 유용한 방법이다.

CHAPTER 11

관찰, 2차 자료수집, 내용 분석

1. 관 찰
2. 2차 자료수집
3. 내용 분석

11 CHAPTER 관찰, 2차 자료수집, 내용 분석

1. 관 찰

관찰은 사회복지조사에서 가장 기본적인 자료수집방법 중 하나로, 조사자가 직접적인 질문을 하지 않고 조사대상자의 행동이나 상황을 눈으로 보고 귀로 들으며 간접적으로 자료를 수집하는 방식이다. 이는 언어적·비언어적 행동을 포함한 다양한 특성을 포착할 수 있어, 특히 질적 조사에서 유용하게 활용된다.

1) 관찰의 의의

관찰은 질문지 조사나 면접조사에서 얻기 어려운 자료를 수집하는 데 효과적이며, 다른 조사방법의 결과를 보완하는 데에도 활용된다. 특히 탐색적 조사에서 연구문제의 형성이나 가설의 구성을 위한 기초자료를 제공하는 데 중요한 역할을 한다. 관찰은 조사대상자의 자연스러운 행동을 있는 그대로 기록함으로써 보다 현실적이고 생생한 정보를 확보할 수 있다.

2) 관찰의 장점

① 비언어적 행동의 자료수집 용이

표정, 몸짓, 자세 등 언어로 표현되지 않는 행동을 직접 관찰함으로써 보다 풍부한 자료를 확보할 수 있다.

② 종단적 분석 가능

장기간에 걸쳐 반복적으로 관찰함으로써 시간에 따른 변화와 패턴을 분석할 수 있다.

③ 관찰자 효과 최소화

자연스러운 환경에서 이루어지는 관찰은 응답자의 반응성을 줄여 보다 진실된 행동을 포착할 수 있다.

④ 현장 중심의 즉시성

행위가 발생하는 순간과 장소에서 즉각적으로 자료를 수집할 수 있어 사건의 맥락을 정확히 이해할 수 있다.

⑤ 구두표현능력이 없는 대상자에게도 적용 가능

아동, 언어장애인, 동물 등 말로 표현하기 어려운 대상자에 대해서도 효과적인 자료수집이 가능하다.

⑥ 비협조적인 대상자도 조사 가능

응답을 거부하거나 비협조적인 대상자라도 관찰을 통해 자료를 수집할 수 있다.

⑦ 무의식적 행동의 측정 가능

응답자가 인식하지 못하는 무의식적 행동을 관찰함으로써 보다 깊이 있는 분석이 가능하다.

3) 관찰의 단점

① 외생 변수 통제의 어려움

자연적 환경에서 이루어지기 때문에 외부 요인의 영향을 통제하기 어렵다.

② 자료처리의 어려움

관찰자료는 비정형적이고 계량화가 어려워 분석과 해석에 많은 시간이 소요된다.

③ 대규모 조사에 부적합

관찰은 시간과 인력이 많이 소요되므로 대규모 표본조사에는 한계가 있다.

④ 현장진입의 어려움

조사자가 현장에 접근하거나 관찰을 허용받는 것이 현실적으로 어려울 수 있다.

⑤ 익명성 보장 어려움

조사대상자의 신원이 노출될 가능성이 있어 민감한 주제에 대한 자료수집에 제약이 있다.

⑥ 관찰자의 주관 개입 가능성

관찰자는 자신의 감각과 판단에 의존하기 때문에 편견이나 주관이 자료에 영향을 줄 수 있다.

⑦ 관찰자 효과 발생 가능성

조사대상자가 자신이 관찰되고 있다는 사실을 인식하면 평소와 다른 행동을 보일 수 있다.

⑧ 감각의 선택성과 제한성

인간의 감각은 선택적이고 제한적이기 때문에 중요한 정보를 놓칠 수 있다.

⑨ 조사자의 현장 고정 필요성

특별한 장비 없이 관찰을 수행할 경우 조사자는 조사 기간 동안 현장을 떠날 수 없어 시간적 제약이 크다.

4) 관찰의 종류

(1) 참여 정도에 따른 분류

① 참여관찰

참여관찰은 조사자가 관찰대상집단의 구성원처럼 행동하며 그들의 일상에 직접 참여하면서 자료를 수집하는 방식이다. 이때 조사자는 자신의 조사 목적을 명시하지 않으며, 자연스러운 상황 속에서 대상자의 행동을 관찰한다. 예를 들어, 노숙자들의 생활을 이해하기 위해 역 대합실에서 함께 노숙생활을 하며 관찰하는 방식이 이에 해당한다. 이 방법은 대상자의 진정한 행동을 파악할 수 있다는 장점이 있지만, 윤리적 문제와 관찰자의 주관 개입 가능성이 존재한다.

② 비참여관찰

비참여관찰은 조사자가 제3자의 입장에서 관찰하는 방식으로, 조사자의 신분을 밝히고 관찰에 참여한다. 참여관찰이 현실적으로 불가능하거나 위험한 상황에서 주로 활용된다. 예를 들어, 갱단이나 윤락행위와 같은 집단을 관찰할 때, 조사자가 그들의 구성원이 될 수 없는 경우에 유용하다. 이 방법은 관찰자의 안전을 확보할 수 있으며, 객관적인 시각에서 자료를 수집할 수 있다.

③ 준참여관찰

준참여관찰은 조사자가 관찰대상의 생활 일부에만 참여하는 방식으로, 조사대상자는 자신이 관찰받고 있음을 인지하고 있다. 예를 들어, 교생실습생은 교사의 모든 직무를 수행하지는 않지만, 교사의 역할에 상당히 접근하여 그 직무를 관찰하고 분석한다. 이 방법은 참여와 비참여의 장점을 절충하여 관찰의 깊이와 객관성을 동시에 확보할 수 있다.

(2) 절차의 구조화 정도에 따른 분류

① 비구조화 관찰

비구조화 관찰은 관찰의 대상, 내용, 절차 등을 사전에 명확히 규정하지 않고, 조사자가 현장에서 발생하는 현상을 자유롭게 관찰하는 방식이다. 주로 탐색적 조사에서 문제 형성이나 가설구성을 위한 기초자료를 수집하는 데 활용된다. 이 방법은 융통성이 높고 생생한 자료를 얻을 수 있다는 장점이 있지만, 관찰의 체계성과 자료처리의 표준화가 어렵다는 단점이 있다.

② 구조화 관찰

구조화 관찰은 관찰의 대상, 내용, 절차 등을 사전에 정하고, 준비된 관찰표에 따라 체계적으로 자료를 수집하는 방식이다. 주로 가설검증을 목적으로 하는 조사에서 활용되며, 자료의 표준화와 통계처리에 유리하다. 그러나 사전에 설정된 틀에 따라 관찰이 이루어지기 때문에, 예기치 않은 중요한 정보를 놓칠 수 있는 위험이 있다.

5) 관찰의 내용

관찰조사는 단순히 현상을 바라보는 것을 넘어, 체계적이고 목적 있는 자료수집을 위한 준비와 틀이 필요하다. 관찰의 내용은 관찰자가 어떤 정보를 수집할 것인지에 대한 사전 계획과, 그 정보를 어떻게 구조화하여 기록할 것인지에 대한 틀로 구성된다. 대표적으로 관찰목록과 관찰 패러다임이 이에 해당한다.

(1) 관찰목록

관찰목록은 관찰자가 자료수집에 앞서 작성하는 항목별 체크리스트로, 관찰의 방향성과 초점을 설정하는 데 중요한 역할을 한다. 이 목록은 연구대상의 특성과 조사 목적에 따라 달라지며, 다음과 같은 요소들을 포함한다.

- 인구사회학적 특성 : 성별, 연령, 직업, 교육수준 등 대상자의 기본적인 인적 정보
- 환경적 배경 : 관찰이 이루어지는 장소, 시간, 사회적 맥락 등 외부 환경 요인
- 행동의 목적 : 대상자가 특정 행동을 하는 이유나 동기
- 사회적 행위 : 대상자가 타인과 상호작용하는 방식, 예절, 언어적 표현 등
- 행동의 빈도와 지속도 : 특정 행동이 얼마나 자주, 오래 지속되는지에 대한 기록

관찰목록은 관찰의 일관성과 체계성을 확보하며, 자료의 누락을 방지하고 분석의 정확성을 높이는 데 기여한다.

(2) 관찰 패러다임(관찰의 틀)

관찰 패러다임은 관찰자가 수집한 자료를 구조화하여 기록하고 해석하기 위한 틀로, 관찰내용을 분류하고 정리하는 기준이 된다. 이는 관찰의 객관성과 분석의 효율성을 높이기 위한 도구로 활용되며, 다음과 같은 지표로 구성된다.

- 언어적 지표 : 대상자가 사용하는 말, 표현, 어휘, 문장 구조 등 언어적 행동
- 언어 외적 지표 : 표정, 눈빛, 손짓, 자세 등 비언어적 표현
- 신체적 움직임의 지표 : 걷기, 앉기, 손의 움직임 등 신체의 행동 패턴
- 공간적 지표 : 대상자가 공간을 활용하는 방식, 위치 이동, 거리 유지 등

6) 관찰의 기록

관찰조사에서 기록은 자료의 신뢰성과 타당성을 확보하기 위한 핵심 요소로, 기록 시점과 기록 방법이 매우 중요하다. 특히 관찰의 구조화 정도에 따라 기록 방식이 달라지며, 구조화 관찰은 비교적 간단한 반면, 비구조화 관찰은 기록의 주관성과 상황적 제약으로 인해 더 많은 고려가 필요하다.

(1) 구조화 관찰의 기록

구조화 관찰에서는 사전에 준비된 관찰표에 따라 관찰대상의 행동을 부호나 기호로 기록한다. 이때 관찰표는 입증 가능하고 계량화 가능한 자료수집에 적합하도록 설계되어야 하며, 관찰자 간 일관된 기록이 가능하도록 어구 구성이 명확하고 세밀하게 마련되어야 한다. 이러한 방식은 자료의 표준화와 통계처리에 유리하며, 대규모 조사에 적합하다.

(2) 비구조화 관찰의 기록

비구조화 관찰은 구조화된 틀 없이 자유롭게 이루어지는 관찰이므로, 기록 방식도 융통성을 필요로 한다. 다음은 비구조화 관찰에서 활용되는 주요 기록 방법이다.

① 즉시 기록 방법

관찰이 진행되는 순간에 바로 기록하는 방식으로, 관찰의 생생함과 정확성을 높일 수 있다. 그러나 참여관찰의 경우 피관찰자 앞에서 기록을 하면 관찰대상의 행동에 영향을 줄 수 있으며, 기록에 집중하다가 중요한 장면을 놓칠 위험도 있다.

② 사후 기록 방법

관찰 당시 기록이 어려운 경우, 관찰이 끝난 후 별도로 기록하는 방식이다. 이 방법은 기억의 왜곡이나 누락 가능성이 있어 기록의 정확성이 떨어질 수 있다.

③ 기호 활용 기록 방법

자주 발생하는 사건이나 행동을 나타내는 기호나 약어를 미리 설정해 두고, 관찰 중 해당 기호를 간단히 기입한 후 관찰이 끝난 뒤 이를 바탕으로 상세하게 기록하는 방식이다. 이 방법은 기록의 효율성과 정확성을 동시에 확보할 수 있으며, 관찰에 집중하면서도 중요한 정보를 놓치지 않도록 돕는다.

④ 녹음 또는 동영상 촬영

현장의 상황을 생생하게 기록할 수 있는 방법으로, 행동의 반복적 분석이나 비언어적 표현 파악에 유용하다. 그러나 법적·윤리적 문제가 발생할 수 있으므로, 사전 동의와 개인정보 보호에 대한 철저한 고려가 필요하다.

2. 2차 자료수집

1) 2차 자료수집

사회복지조사에서 자료수집은 크게 직접적 자료수집과 간접적 자료수집으로 구분된다. 직접적 자료수집은 조사자가 조사대상자에게 직접 질문하거나 행동을 관찰하여 자료를 수집하는 방식으로, 질문지법, 면접법, 관찰법 등이 이에 해당한다. 이 방법은 조사자가 조사대상자와 직접적으로 상호작용하기 때문에 응답자의 반응성, 즉 조사 상황에 영향을 받아 평소와 다른 행동이나 응답을 보이는 현상이 발생할 수 있다.

반면 간접적 자료수집은 조사자가 조사대상자와 직접 접촉하지 않고, 이미 존재하는 기록물이나 통계자료를 활용하여 자료를 수집하는 방식이다. 이러한 방식은 간접적 자료수집이라고도 하며, 비관여적 조사방법으로 분류된다. 즉, 조사대상자의 반응성으로 인한 오류를 최소화할 수 있으며, 조사자의 개입 없이 사회현상을 이해할 수 있는 장점이 있다.

2) 2차 자료의 원천

간접적 자료수집은 조사자가 조사대상자와 직접 접촉하지 않고, 이미 존재하는 기록이나 제3자가 수집한 자료를 활용하여 필요한 정보를 얻는 방식이다. 이러한 2차 자료는 사회복지조사에서 시간과 비용을 절감하면서도 유의미한 통계와 배경자료를 제공하는 데 효과적이다. 간접적 자료의 원천은 다음과 같이 분류할 수 있다.

① 정부 및 국책연구기관

정부기관과 국책연구기관은 사회복지 관련 통계와 정책자료를 지속적으로 생산한다. 인구통계, 경제활동, 복지서비스 이용률, 빈곤율 등 다양한 자료가 포함되며, 공신력과 신뢰성이 높아 사회복지조사의 기초자료로 활용된다.

② 민간연구기관 및 조사전문기관

여론조사기관, 사회조사 전문기관 등에서 수집한 자료는 특정 사회문제나 정책에 대한 심층적 분석을 제공한다. 이들은 정부와는 다른 시각에서 자료를 수집하며, 실천현장의 요구를 반영한 조사결과를 제공하기도 한다.

③ 대학 및 부설연구소

대학의 사회복지학과나 관련 연구소에서 수행하는 학술연구는 이론적 기반과 실천적 통찰을 동시에 제공한다. 학위논문, 연구보고서, 학술지 논문

등은 사회복지조사의 질적 향상에 기여하며, 탐색적 조사나 가설 형성에 유용하다.

④ 인터넷

인터넷은 다양한 자료에 접근할 수 있는 공간으로, 정부기관의 공식 웹사이트, 학술 데이터베이스, 뉴스포털, 온라인 커뮤니티 등에서 자료를 수집할 수 있다. 단, 인터넷 자료는 출처의 신뢰성과 정확성을 반드시 검토해야 하며, 정보의 최신성과 객관성을 고려해야 한다.

⑤ 비반응성 자료수집

비반응성 자료수집은 조사대상자와 직접 접촉하지 않고, 그들의 행동이나 흔적을 통해 간접적으로 자료를 수집하는 방식이다. 이는 반응성 오류를 최소화하고 자연스러운 행동을 포착할 수 있다는 장점이 있다. 주요 유형은 다음과 같다.

- **흔적조사**(마모측정) : 사용이나 활동의 결과로 남은 흔적을 통해 행동의 빈도나 강도를 추정한다(예 만화책의 마모 정도로 인기도 측정).
- **증대조사**(증대측정) : 활동으로 인해 쌓인 물리적 퇴적물을 분석하여 사용량이나 활동성을 파악한다(예 기계에 쌓인 먼지량으로 사용빈도 추정).
- **단순관찰** : 조사대상자가 관찰되고 있다는 사실을 인지하지 못한 상태에서 수동적으로 관찰하는 방식으로, 자연스러운 행동을 기록할 수 있다.
- **보관기록문서** : 개인, 가족, 집단, 사회의 변화와 특성을 반영하는 문서자료로, 공적 기록과 사적 기록으로 나뉜다.
  - **공적 기록문서** : 호적, 입법・사법 관련 자료, 정부문서, 대중매체 등
  - **사적 기록문서** : 자서전, 일기, 편지 등 개인의 삶과 경험을 담은 자료

3. 내용 분석

1) 내용 분석의 개념과 의의

내용 분석은 신문, 서적, 잡지, TV, 라디오, 문서, 편지, 일기, 사진, 상담 기록서, 음악, 미술 등 다양한 의사소통의 기록물에 담긴 현재적 또는 잠재적 의미를 객관적이고 체계적으로 분석하는 조사방법이다. 이 방법은 질적인 내용을 양적으로 전환하여, 연구목적에 따라 특정 변수를 측정할 수 있도록 구성된다는 점에서 사회복지조사에서 매우 유용하게 활용된다.

내용 분석은 의사전달의 내용을 계량화하여 사회현상을 이해하고 설명하는 데 목적을 둔 조사방법이다. 이는 단순한 텍스트 해석을 넘어, 자료의 구조화와 통계적 분석이 가능하도록 정보를 정리하는 과정을 포함하며, 내용 분석의 예시는 다음과 같다.

- **정책 분석** : 대통령의 연설문에서 사회복지 관련 용어가 얼마나 자주, 어떤 시기에 등장했는지를 분석함으로써 정책의 중요도나 방향성을 파악할 수 있다.
- **교육 변천 분석** : 사회복지교육의 변화를 파악하기 위해 각 시대별 교과과정의 내용을 분석하는 경우도 내용 분석에 해당된다.

2) 내용 분석의 장단점

내용 분석은 사회복지조사에서 간접적이고 비반응적인 자료수집방법으로 활용되며, 의사소통의 기록물에 담긴 의미를 객관적·체계적·양적으로 분석하는 데 목적이 있다. 이 방법은 질적 자료를 양적으로 전환하여 사회현상을 설명하고 예측하는 데 유용하지만, 동시에 몇 가지 한계도 존재한다.

(1) 내용 분석의 장점

① 시간과 비용의 절감

내용 분석은 많은 조사원이 필요하지 않으며, 특별한 장비도 요구되지 않는다. 분석하고자 하는 자료에 접근만 가능하면 되므로, 설문지 제작, 조사원 훈련, 현장조사 등에 소요되는 시간과 비용을 크게 줄일 수 있다.

② 높은 안전도

질문지 조사나 실험조사는 실수가 발생하면 전체 조사를 다시 수행해야 하는 경우가 많지만, 내용 분석은 이미 존재하는 문헌이나 기록물을 대상으로 하므로, 기초자료를 다시 검토함으로써 실수를 보완할 수 있다.

③ 역사적 연구에 적합

내용 분석은 과거에 발생한 사건이나 변화 과정을 분석할 수 있어 장기간에 걸친 사회복지제도의 변천이나 정책 흐름을 연구하는 데 유용하다. 직접 조사로는 소급조사가 어려운 경우에도 효과적으로 활용할 수 있다.

④ 비반응성 확보

내용 분석은 이미 기록된 자료를 대상으로 하므로, 조사대상자의 반응성이 발생하지 않는다. 조사자가 연구대상에 영향을 미치지 않으며, 피조사자 역시 조사 사실을 인지하지 않기 때문에 보다 객관적인 자료수집이 가능하다.

(2) 내용 분석의 단점

① 기록된 자료에 한정됨

내용 분석은 기록된 의사소통만을 대상으로 하므로 문서화되지 않은 정보나 비공식적 대화, 비언어적 표현 등은 분석 대상에서 제외된다. 따라서 자료의 범위가 제한적일 수 있다.

② 타당도 확보의 어려움

기록된 내용이 반드시 현실을 그대로 반영한다고 볼 수 없기 때문에 분석 결과의 타당성이 문제가 될 수 있다. 예를 들어, 언론 보도에서 특정 정책에 대해 긍정적인 기사만 다수 존재한다고 해서 국민 전체가 그 정책을 지지한다고 단정할 수는 없다. 이처럼 기록물의 편향이나 왜곡 가능성은 분석의 타당도를 저해할 수 있다.

③ 신뢰도는 높지만 해석의 주의 필요

내용 분석은 부호화를 정확히 수행하면 동일한 자료에서 일관된 결과를 도출할 수 있어 신뢰도는 높다. 그러나 해석 과정에서 조사자의 주관이 개입될 수 있으므로 분석 기준과 절차의 명확한 설정이 필요하다.

3) 내용 분석의 단위와 범주

(1) 내용 분석의 단위

내용 분석을 수행하기 위해서는 분석대상의 정보를 수량화할 수 있는 기준을 설정해야 하는데, 이를 내용 분석의 단위라고 한다. 분석단위는 연구목적에 따라 다양하게 설정되며, 분석의 정확성과 타당성을 확보하기 위한 핵심 요소로 작용한다. 내용 분석에서 자주 활용되는 단위는 다음과 같다.

① 단어

단어는 내용 분석에서 가장 기본적이고 최소의 단위로, 개별 단어뿐 아니라 구나 복합어도 포함된다. 특정 단어의 사용 빈도를 분석함으로써 텍스트의 주제나 경향을 파악할 수 있다. 예를 들어, 각 시대별 대중가요 가사에서 '이별'과 '사랑'이라는 단어의 등장 빈도를 비교함으로써 사회적 감성의 변화를 분석할 수 있다.

② 주제

주제는 텍스트의 중심 내용을 나타내는 단위로, 한 문장 또는 여러 문장에 걸쳐 나타날 수 있다. 단어에 비해 경계가 불분명하다는 단점이 있으나, 대량의 자료를 다룰 때는 단어보다 주제를 단위로 설정하는 것이 더 효율적이다. 예를 들어, 신문 경제면의 톱기사 제목을 분석하여 시대별 경제 상황이나 주요 관심사를 파악할 수 있다.

③ 인물

소설, 전기, 영화, 연극 등에서 등장하는 인물이나 주인공을 중심으로 분석하는 방식이다. 인물의 성격, 역할, 행동 등을 분석함으로써 시대별 사회적 가치나 문화적 인식을 파악할 수 있다. 예를 들어, 각 시대별 문학작품 속 여성 주인공의 성격을 '순종적'과 '저항적'으로 분류하여 여성의 사회적 태도 변화를 분석할 수 있다.

④ 문단

문단은 여러 문장으로 구성된 단락으로, 형식적으로 구분하기는 쉽지만 내용적으로는 다양한 주제가 혼재되어 있을 수 있어 분석이 까다롭다. 따라서 문단은 분석단위로 자주 사용되지는 않지만, 특정 상황에서는 유용하게 활용될 수 있다.

⑤ 항목

항목은 자료의 큰 범주를 의미하며, 서적, 잡지, 신문, 학술지 등으로 분류하거나 신문 내에서는 국내문제, 국제문제, 사회문제, 사설 등으로 세분화할 수 있다. 예를 들어, 시대별 신문 종류의 변화를 분석함으로써 독자층의 변화나 사회적 관심사를 파악할 수 있다.

⑥ 공간 및 시간

공간은 인쇄물의 지면 위치, 시간은 방송의 특정 시간대를 의미한다. 예를 들어, 신문의 제1면이나 TV 뉴스의 저녁 9시 시간대는 사회적으로 중요한 정보가 집중되는 영역으로, 이를 분석단위로 설정하면 정보의 중요도나 배치 전략을 파악할 수 있다.

(2) 내용 분석의 범주

내용 분석에서 분석단위가 특정 정보를 수량화하기 위한 기준 항목이라면, 범주는 그러한 기준 항목의 특성을 파악하기 위한 분류 틀을 의미한다. 즉, 분석단위가 무엇을 분석할 것인가를 결정하는 기준이라면, 범주는 그것을 어떻게 분류하고 해석할 것인가를 결정하는 기준이다.

범주는 분석자가 연구목적에 따라 설정하며, 내용의 특징을 체계적으로 분류하고 해석하기 위해 사용된다. 이는 내용 분석의 신뢰성과 타당성을 높이는 데 중요한 역할을 하며, 분석 결과를 명확하게 제시할 수 있도록 돕는다.

4) 내용 분석의 절차

내용 분석은 의사소통의 기록물에 담긴 의미를 객관적이고 체계적으로 분석하는 조사방법으로, 질적 자료를 양적으로 전환하여 사회현상을 설명하는 데 활용된다. 내용 분석을 효과적으로 수행하기 위해서는 다음과 같은 절차를 체계적으로 따라야 한다.

(1) 연구주제의 선정

내용 분석의 첫 단계는 연구주제를 선정하는 것이다. 이는 다른 조사와 마찬가지로 연구자가 관심 있는 분야의 이론과 선행연구를 충분히 검토한 후 독창적인 시각에서 주제를 설정해야 한다. 특히 내용 분석에 적합하고 효율적인 주제를 선택하는 것이 중요하며, 기록물의 분석을 통해 사회적 의미를 도출할 수 있는 주제가 바람직하다.

(2) 모집단의 선정

연구주제가 결정되면, 분석대상이 될 기록물의 종류와 범위를 확정해야 한다. 이는 신문, 문헌, 문학작품, 음악, 미술작품 등 다양한 형태의 의사소통 매체가 될 수 있다. 예를 들어, 시대별 성역할의 변화를 분석하고자 한다면, 각 시대를 대표하는 문학작품들이 모집단으로 선정되어야 한다.

(3) 표본추출

모집단이 정해지면, 표집단위와 표본의 크기를 설정한 후 확률표집 또는 비확률표집 방법을 통해 표본을 추출한다. 예를 들어, 각 시대별 문학작품 중 대표작을 무작위로 10편씩 선정하여 분석에 활용할 수 있다. 이는 조사 결과의 대표성과 일반화 가능성을 높이는 데 기여한다.

(4) 분석단위의 규정

내용 분석을 위해서는 어떤 요소를 분석할 것인지에 대한 기준을 설정해야 한다. 이를 분석단위라고 하며, 연구목적에 따라 단어, 주제, 인물, 문단, 항목, 시간·공간 등이 될 수 있다. 예를 들어, 성역할의 변화를 분석할 경우 문학작품의 주인공이 분석단위가 될 수 있다.

(5) 분석범주의 설정

분석단위가 결정되면, 해당 단위의 어떤 측면을 분석할 것인지에 대한 분류기준인 분석범주를 설정해야 한다. 이는 분석의 방향성과 해석의 틀을 제공한다. 예를 들어, 주인공의 성역할을 '순종적', '저항적', '독립적' 등으로 분류할 수 있다.

(6) 자료의 분석

수집된 자료는 분석단위와 범주에 따라 정리된 후, 빈도, 강도, 시간적·공간적 체계 등을 기준으로 비교·분석한다. 이를 통해 특정 주제에 대한 사회적 인식, 변화 추세, 문화적 맥락 등을 파악할 수 있다. 분석은 통계적 방법과 질적 해석을 병행하여 수행될 수 있다.

(7) 결론 도출

마지막으로 분석 결과를 종합하여 연구의 결론을 도출한다. 이는 연구문제에 대한 해답을 제시하고, 사회복지실천이나 정책 개발에 필요한 시사점을 제공하는 데 목적이 있다. 결론은 연구의 타당성과 신뢰성을 바탕으로 명확하게 제시되어야 한다.

CHAPTER 12

욕구조사

1. 욕구조사의 의의
2. 욕구조사의 필요성
3. 욕구의 개념 및 분류
4. 욕구조사의 내용
5. 욕구조사 자료수집방법

12 욕구조사

CHAPTER

1. 욕구조사의 의의

욕구조사는 사회복지 분야에서 매우 중요한 조사방법으로, 특정 지역사회나 집단이 직면한 사회문제를 해결하기 위한 서비스 개발 또는 기존 서비스의 개선을 목적으로 실시된다. 이는 사회복지실천의 기초자료를 제공하는 응용조사의 일종으로, 실천적 개입의 방향성과 전략을 설정하는 데 핵심적인 역할을 한다.

욕구조사의 궁극적인 목적은 대상집단의 실제 욕구를 정확히 파악하여 그 욕구를 해결할 수 있는 서비스나 프로그램을 개발하는 것이다. 따라서 단순한 관심이나 요구의 표현을 넘어, 사회적 필요와 문제의 본질을 구조적으로 이해하고 대응하기 위한 조사라고 할 수 있다.

2. 욕구조사의 필요성

현대 사회는 복지수요가 급속히 증가하고 있으며, 이에 따라 사회복지서비스에 대한 요구도 다양화되고 있다. 이러한 복지수요의 증가는 필연적으로 재정적 부담을 수반하며, 이는 결국 국민의 세부담으로 이어진다. 따라서 사회복지기관은 한정된 자원을 최대한 효율적으로 활용해야 하며, 이를 위해 사전에 욕구조사를 실시하여 자원의 합리적 배분과 서비스의 적절한 제공이 필요하다.

욕구조사는 이러한 시대적 요구에 대응하기 위한 전략적 도구로서, 다음과 같은 이유로 그 필요성이 강조된다.

① 클라이언트 중심의 프로그램 개발

욕구조사는 클라이언트의 실제 욕구를 파악하여 그에 적합한 프로그램을 개발하는 데 도움을 준다. 이는 사회복지기관이 설립 목적에 부합하는 기능을 수행하도록 하며, 기관의 존재 이유와 실천 방향을 명확히 하는 데 기여한다.

② 기관의 효율적·전문적 운영 지원

욕구조사는 정책 결정, 실행, 평가의 순환과정에서 핵심적인 역할을 하며, 프로그램 운영에 필요한 조직 구성, 인력 배치, 예산 배정 등에 실질적인 자료를 제공한다. 또한 기존 프로그램의 문제점을 진단하고 보완책을 제시함으로써 기관 운영의 전문성과 효율성을 높인다.

③ 지역 주민의 욕구 변화에 대한 대응

사회 변화에 따라 지역 주민의 욕구도 변화하는데, 욕구조사는 이러한 변화를 파악하고 이에 적절히 대응할 수 있는 새로운 프로그램을 개발하는 데 도움을 준다. 또한 현재 수행 중인 사업에 대한 평가자료를 제공하여 사업의 방향성과 내용을 조정할 수 있도록 한다.

④ 지역사회 내 협력체계 구축

욕구조사를 통해 기존 기관들이 미처 파악하지 못했던 문제를 발견하고, 그 자료를 타 기관과 공유함으로써 지역사회 전체의 복지서비스 향상에 기여할 수 있다. 이는 기관 간 협력과 정보 공유를 촉진하는 기반이 된다.

⑤ 지역 주민의 참여와 지지 확보

욕구조사는 지역사회 주민들에게 문제의식을 고취시키고, 프로그램의 필요성을 인식시켜 주민의 참여와 지지를 유도한다. 이를 통해 지방자치단체나 중앙정부로부터의 예산지원이나 입법추진에 필요한 근거자료로 활용될 수 있다.

⑥ 사회복지기관의 정당성 확보

사회복지기관이 사회로부터 존속의 정당성을 인정받고 지속적인 지원을 받기 위해서는 클라이언트, 지역 주민, 단체, 정부 등 다양한 이해관계자에게 효과적이고 전문적인 서비스를 제공해야 한다. 욕구조사는 이러한 계획과 운영을 뒷받침하는 핵심 자료를 제공함으로써 기관의 정당성과 신뢰성을 확보하는 데 기여한다.

3. 욕구의 개념 및 분류

1) 욕구의 개념

욕구조사를 수행하기 위해서는 먼저 '욕구'라는 개념을 명확히 이해하는 것이 중요하다. 일반적으로 욕구란 "무엇이 결핍되어 필요로 하는 상태"를 의미하며, 인간이 인간으로서 품위를 유지하며 기본적인 삶을 영위하는 데 필요한 조건이 충족되지 못한 상태에서 발생하는 결핍을 채우고자 하는 원의를 말한다.

로스(Roth, 1990)는 욕구를 현존 상태와 바람직한 상태 간의 차이에서 발생하는 결핍으로 정의하였다.

한편 칸(Kahn, 1969)은 욕구를 보다 사회적 관점에서 정의하였다. 그는 욕구를 "개인이나 집단이 사회적 역할을 수행하고, 사회적 요구에 대응하며, 사회의 진행과정에 참여하고, 적절한 수준의 활동력과 생산력을 유지하기 위해 필요로 하는 것"으로 설명하였다. 즉, 욕구는 개인이나 집단이 생존과 성장, 발전을 위해 구하는 경제적·심리적·신체적 필요를 포함하며, 주택, 영양, 보건, 직업, 소득, 지식, 사회참여, 정치활동, 개인의 자유 등이 그 대상이 될 수 있다.

이러한 요소들은 그 자체로 욕구가 아니라 개인이나 집단이 그것들을 필요로 하여 구할 때 욕구로 정의된다. 이때 개인이 느끼는 욕구는 개인적 욕구라 하며, 이러한 욕구가 사회 다수에게 공통적으로 나타날 경우 사회적 욕구로 확장된다.

2) 욕구의 분류

(1) 브래드쇼의 인식기준에 따른 유형

브래드쇼(Bradshaw, 1972)는 욕구를 인식하는 기준에 따라 다음 네 가지 유형으로 분류하였다.

① 규범적 욕구

전문가들이 설정한 기준에 따라 현재 상태가 기준에 미달할 경우 발생하는 욕구이다. 예를 들어, 아동의 발달에 필요한 최소한의 교육수준이 정해져 있을 때, 그 기준에 미달하는 아동은 규범적 욕구를 가진 것으로 간주된다. 이 욕구는 전문가의 판단에 의존하므로 클라이언트의 실제 욕구와 괴리가 있을 수 있다.

② 체감적 욕구

개인이 주관적으로 느끼는 욕구로, 설문조사나 공개토론 등을 통해 파악된다. 예를 들어, 지역 주민들이 복지관의 프로그램 부족을 느끼고 개선을 요구하는 경우가 이에 해당한다. 이 욕구는 개인의 인식에 따라 달라질 수 있어 객관적 측정이 어렵다는 한계를 가진다.

③ 표출적 욕구

체감적 욕구가 행동으로 나타난 경우로, 서비스 이용이나 요구 행동을 통해 파악된다. 예를 들어, 무료급식소에 줄을 서는 행위는 식사에 대한 표출적 욕구를 나타낸다. 이 욕구는 기존 서비스에 대한 수요를 반영하지만, 새로운 욕구를 포착하기 어려운 단점이 있다.

④ 상대적 욕구

동일한 특성을 가진 집단 간의 서비스 이용 상태를 비교하여 파악되는 욕구이다. 예를 들어, A지역의 장애인은 재활서비스를 받고 있는데 B지역의 장애인은 받지 못하는 경우, B지역의 장애인은 상대적 욕구를 가진 것으로 볼 수 있다. 이 욕구는 비교 대상의 선정에 따라 결과가 달라질 수 있으므로 적절한 비교 기준이 중요하다.

(2) 매슬로우의 욕구 유형

욕구조사를 수행할 때 인간이 가지는 모든 욕구를 일일이 조사하고 식별하는 것은 현실적으로 어렵기 때문에, 욕구를 몇 가지 범주로 나누어 이해하는 것이 효과적이다. 이러한 맥락에서 매슬로우(Maslow)의 욕구는 인간의 욕구를 위계적으로 분류하여 사회복지조사와 서비스 설계에 유용한 이론적 틀을 제공한다.

매슬로우는 인간의 욕구를 다음과 같이 5단계로 구분하였다.

① 생리적 욕구

가장 기본적인 욕구로, 인간의 생존을 위해 필요한 욕구이다. 음식, 물, 수면, 호흡, 배설, 성적 욕구 등이 포함된다. 이 욕구가 충족되지 않으면 다른 상위 욕구는 활성화되기 어렵다.

② 안전의 욕구

생리적 욕구가 충족된 후에는 신체적·심리적 안전을 확보하려는 욕구가 나타난다. 주거의 안정, 건강, 직업의 안정성, 법과 질서, 재난으로부터의 보호 등이 이에 해당한다.

③ 소속과 애정의 욕구

안전이 확보되면 인간은 타인과의 관계 속에서 소속감을 느끼고자 한다. 가족, 친구, 연인, 공동체와의 유대감, 사회적 관계 형성 등이 포함된다. 이는 정서적 안정과 사회적 참여를 위한 욕구이다.

④ 자아존중의 욕구

소속감이 충족되면 자신에 대한 존중과 타인으로부터의 인정 욕구가 나타난다. 성취, 자율성, 자신감, 타인의 존경, 사회적 지위 등이 포함되며, 이는 개인의 자긍심과 자기효능감을 높이는 데 기여한다.

⑤ 자아실현의 욕구

가장 높은 단계의 욕구로, 자신의 잠재력을 최대한 발휘하고자 하는 욕구이다. 창의성, 도덕성, 문제해결, 자율적 성장, 자기 개발 등이 포함되며, 이는 인간으로서의 완전한 성장을 지향한다.

(3) 집단에 따른 욕구 유형

욕구는 개인의 생리적·심리적·사회적 조건에 따라 다양하게 나타나지만, 특정 집단에 속함으로써 공통적으로 경험하는 욕구도 존재한다. 즉, 청소년, 노인, 장애인, 여성 등과 같은 사회적 집단은 그 집단의 특성과 환경에 따라 고유한 욕구를 가지며, 이러한 욕구는 사회복지조사에서 중요한 분석 대상이 된다.

또한 해당 집단의 욕구뿐만 아니라 그들과 관련된 가족, 보호자, 지역사회 구성원들의 욕구 역시 함께 고려되어야 하며, 이는 보다 포괄적이고 실효성 있는 서비스 개발을 위한 기초자료가 된다.

〈표 12-1〉 집단에 따른 욕구 유형

집 단	주요 욕구 항목
아동	탁아, 조기교육, 정서안정, 여가선용, 공부방 등
청소년	교육, 여가선용, 독서실, 청소년 비행지도, 진로지도 등
장애인	상담, 교육, 직업, 건강, 여가, 운동, 재활, 부모교육, 활동도우미 등
노인	건강, 여가, 직업, 배우자, 소득보조 등
여성	직업, 부부관계, 육아, 자녀문제, 가족문제, 여가 등

4. 욕구조사의 내용

1) 욕구의 확인

욕구의 확인은 인간다운 삶을 영위하는 데 필요한 요소가 결핍되었는지를 파악하는 과정으로, “무엇을 필요로 하는가”에 대한 질적 상태의 진단과 표식을 의미한다. 이는 사회복지조사의 출발점이자, 서비스 개발과 자원 배분의 근거가 되는 핵심 절차이다.

예를 들어, 거주지, 음식, 건강, 소득 등의 부족 상태를 바람직한 상태와 비교하여 사회적 욕구로 규정하는 것이 욕구 확인의 대표적인 사례이다. 이러한 사회적 욕구를 확인하기 위해서는 다음과 같은 조건들이 충족되어야 한다(김영종, 2007).

① 자원과 기술의 존재 여부

욕구는 단순히 결핍된 상태를 의미하는 것이 아니라 현재의 자원과 기술 수준에서 변화가 가능한 상태여야 한다. 아무리 절박한 문제라도 해결 가능성이 없다면 그것은 욕구로 인정되지 않는다. 예를 들어, 과거에는 식량부족이 기술적으로 해결 불가능했기 때문에 사회문제로 간주되지 않았지만, 기술의 발전과 자원의 확대에 따라 해결 가능성이 생기면서 사회문제로 인식되기 시작했다.

② 정치적 과정

어떤 상황이 사회적 개입을 필요로 하는 욕구로 인정되기 위해서는 정치적 결정과정을 거쳐야 한다. 이는 다수의 시민이나 정치적 영향력이 큰 소수 집단이 해당 문제를 사회문제로 인식하고, 조직적 대응을 요구하는 과정을 포함한다. 즉, 욕구의 사회적 인정은 정치적 합의와 공공의 관심을 통해 이루어진다.

③ 객관적인 정의와 측정 가능성

욕구로 규정된 상태나 조건은 객관적으로 정의되고 측정 가능해야 한다. 이는 사회적 자원의 조달과 배분에 대한 책임성을 확보하기 위한 조건으로, 욕구의 실체를 명확히 하고 정책적 대응의 타당성을 확보하는 데 필수적이다. 예를 들어, '저소득층의 주거불안'이라는 욕구는 소득 기준, 주거환경, 거주 안정성 등의 지표를 통해 객관적으로 정의되고 측정되어야 한다.

2) 욕구추산

욕구추산은 욕구조사에서 "얼마나 필요한가"를 파악하는 과정으로, 욕구를 양적으로 규정하는 작업이다. 이는 단순히 욕구의 존재 여부를 확인하는 것을 넘어, 그 욕구가 어느 정도의 규모와 강도로 존재하는지를 수치화하여 파악하는 것을 의미한다.

욕구추산은 사회복지서비스의 계획, 자원 배분, 정책 결정에 있어 필수적인 단계이며, 실천적 개입의 우선순위를 설정하는 데 중요한 기준이 된다.

- 빈곤문제 조사 : 빈곤층을 정의하기 위해서는 '빈곤선'이라는 기준이 필요하다. 빈곤선은 일정 수준의 소득 이하를 빈곤으로 간주하는 공식적인 기준으로, 이를 통해 빈곤층의 규모를 추산할 수 있다.
- 장애인 복지 : 장애의 정의와 판정 기준이 법적으로 규정되어 있기 때문에, 해당 기준에 따라 장애인의 수와 유형을 추산할 수 있다.

3) 욕구조사에 포함되어야 할 내용

욕구조사는 단순히 대상자의 필요를 파악하는 것을 넘어, 지역사회 전체의 특성과 자원 상황을 종합적으로 분석하여 실행 가능한 복지서비스의 방향을 설정하는 데 목적이 있다. 이를 위해 욕구조사에서는 다음의 세 가지 주요 분야에 대한 자료를 수집해야 한다(채구묵, 2005).

(1) 기초자료 : 지역사회의 일반적 특징에 관한 자료

조사대상 지역의 인구학적·사회구조적 특성을 파악하기 위한 자료로, 지역사회의 전반적인 상황을 이해하는 데 기초가 된다. 주요 항목은 연령분포, 가족 수 및 구성 형태, 결혼상태, 거주기간, 직업구성, 소득수준, 빈곤인구율, 주택보급률, 범죄율, 공공부조 수혜자 수 등이다. 이러한 자료는 지역사회의 사회적 구조와 생활환경을 파악하고, 욕구의 배경을 이해하는 데 필수적이다.

(2) 욕구파악을 위한 자료

욕구조사의 핵심 영역으로, 대상집단의 현황과 문제를 파악하고, 현재 제공되고 있는 서비스의 실태와 만족도, 부족한 점 등을 조사한다. 이를 통해 다음과 같은 내용을 확인할 수 있다.

- 대상집단의 주요 문제와 욕구
- 현재 제공되고 있는 서비스의 종류와 접근성
- 서비스에 대한 만족도 및 불만 사항
- 서비스의 부족한 부분과 개선 필요성
- 향후 강화해야 할 서비스 영역
- 새롭게 개발해야 할 서비스 유형

이러한 자료는 클라이언트 중심의 서비스 설계와 기존 프로그램의 개선 방향을 설정하는 데 직접적인 근거가 된다.

(3) 지역사회 활용자원에 관한 자료

서비스나 프로그램을 실제로 개발하고 실행하기 위해 필요한 자원의 분포와 활용 가능성을 파악하는 자료이다. 이는 욕구해결의 실행 가능성과 지속 가능성을 평가하는 데 중요하다. 주요 항목은 다음과 같다.

- 지역 내 인적 자원(전문가, 자원봉사자 등)
- 물적 자원(시설, 장비, 공간 등)
- 제도적 자원(법적 지원, 행정적 협력 등)
- 재정적 자원(예산, 후원, 기금 등)
- 지역사회 내 협력 가능 기관 및 네트워크

이러한 자료는 서비스 실행의 현실성과 지역사회 내 협력체계 구축을 위한 전략 수립에 활용된다.

5. 욕구조사 자료수집방법

욕구의 확인과 추산을 위해서는 다양한 자료수집방법을 활용하여 정확하고 신뢰성 있는 자료를 확보하는 것이 중요하다. 특히 사회복지조사에서는 조사대상자의 직접적인 의견뿐만 아니라 지역사회 전체의 구조와 자원, 전문가의 판단 등을 종합적으로 반영할 수 있는 방법들이 요구된다. 일반적으로 욕구조사에 활용되는 주요 자료수집방법은 다음과 같다.

1) 지역사회 서베이

지역사회 서베이는 욕구조사에서 가장 일반적으로 활용되는 자료수집방법 중 하나로, 지역사회 전체를 대표할 수 있는 표본을 선정하여 구조화된 설문지나 면접을 통해 직접 조사하는 방식이다. 이 방법은 지역사회 구성원의 특성, 문제점, 욕구 등을 체계적으로 파악할 수 있어 욕구조사의 신뢰성과 타당성을 높이는 데 매우 효과적이다.

2) 주요 정보제공자 조사

주요 정보제공자 조사는 지역사회 전반의 문제와 서비스 전달체계에 대해 전문적 지식과 경험을 가진 인물들을 대상으로 자료를 수집하는 방법이다. 이들은 지역사회 내에서 실질적인 영향력을 갖고 있으며, 현장의 상황을 잘 이해하고 있기 때문에 욕구조사의 신뢰성과 타당성을 높이는 데 중요한 역할을 한다.

(1) 주요 정보제공자

- 사회복지 단체 대표자

- 사회복지기관의 서비스 제공자
- 관련 공무원
- 보건 · 교육 · 노동 등 관련 직종 종사자

(2) 조사 내용

- 지역사회 내 서비스 전달체계의 현존 결함
- 클라이언트의 주요 욕구와 문제점
- 기존 서비스의 효과성과 한계
- 새로운 서비스 개발에 대한 제언
- 정책적 개선 방향 및 실행 가능성

(3) 장점

- 자료수집이 빠르고 용이하다.
- 현장 중심의 실천적 정보를 얻을 수 있다.
- 전문적인 의견과 통찰을 통해 정책 수립 및 서비스 개선에 기여한다.

(4) 유의점

- 정보제공자의 주관이나 편향이 조사결과에 영향을 줄 수 있으므로, 다양한 분야의 인물을 균형 있게 선정하는 것이 중요하다.
- 표출되지 않은 욕구나 소외된 집단의 문제는 간과될 수 있으므로, 다른 조사방법과 병행하는 것이 바람직하다.

3) 서비스 이용자 조사

서비스 이용자 조사는 미래의 서비스에 대한 욕구를 과거 또는 현재의 서비스 이용자들을 대상으로 조사함으로써 추론하는 방법이다. 이는 지역사회 내 잠재적 클라이언트의 성향과 욕구를 파악하기 위해, 이미 서비스를 받고 있는 사람들의 특성과 이용 행태를 분석하는 데 목적이 있다.

(1) 조사 방식

서비스 이용자 조사는 이용자의 개별 기록을 분석하여 지역사회의 욕구를 파악한다. 주요 분석 항목은 다음과 같다.

- 연령, 성별 등 인구학적 정보
- 클라이언트가 가진 문제의 유형
- 제공된 서비스의 내용과 범위
- 개입의 빈도 및 지속 기간
- 기관에 접근한 경로(자발적 방문, 타 기관 소개 등)

이러한 정보를 통해 서비스 이용자의 특성과 행동 패턴을 분석하고, 이를 바탕으로 지역사회 전체의 욕구를 추정할 수 있다.

(2) 장점

- 자료 확보가 용이하며, 이미 존재하는 기록을 활용할 수 있어 시간과 비용이 절감된다.
- 실제 서비스 이용자의 경험을 바탕으로 현장 중심의 실질적인 욕구 파악이 가능하다.
- 서비스의 효과성과 접근성을 평가하고, 기존 프로그램의 개선 방향을 설정하는 데 유용하다.

(3) 한계

- 표출된 욕구만 반영될 수 있으며, 서비스를 이용하지 않는 잠재적 클라이언트의 욕구는 간과될 수 있다.
- 서비스 접근성이 낮거나 정보가 부족한 집단의 욕구는 조사 대상에서 제외될 가능성이 있다.
- 기관 중심의 시각에 치우쳐 클라이언트의 주관적 욕구나 미충족 욕구를 충분히 반영하지 못할 수 있다.

4) 지역사회 공청회

지역사회 공청회 또는 포럼은 지역사회 구성원들로부터 직접 정보를 수집하는 참여형 자료수집방법으로, 욕구조사에서 주민의 의견을 폭넓게 수렴하고 공감대를 형성하는 데 효과적인 방식이다. 이 방법은 조사자가 포럼을 기획하고 비용을 부담하며, 지역사회 내 다양한 계층의 참여를 통해 욕구와 문제에 대한 집단적 인식과 해결방안을 도출할 수 있다.

(1) 참여대상

포럼은 지역사회 구성원 전체에게 공개적으로 참여를 허용할 수도 있고, 특정 집단(예 노인, 청소년, 장애인 등)을 선정하여 제한적으로 운영할 수도 있다.

(2) 진행 형식

일반적으로 청문회 형식으로 진행되어 참석자들이 자신의 의견을 자유롭게 발표할 수 있으며, 경우에 따라 집단토론회 형식으로 운영되어 상호 의견 교환과 토론을 통해 문제를 심층적으로 분석할 수 있다.

(3) 조사자의 역할

조사자는 포럼의 기획자이자 진행자로서, 장소 선정, 일정 조율, 참여자 모집, 자료 정리 등의 역할을 수행하며, 포럼을 통해 수집된 의견을 분석하여 욕구조사의 기초자료로 활용한다.

(4) 장점

- 주민참여를 통한 민주적 조사

  지역사회 구성원들이 직접 참여하여 의견을 제시함으로써 욕구의 사회적 인정과 공감대 형성이 가능하다.
- 다양한 시각의 수렴

  여러 계층의 의견을 동시에 수렴할 수 있어 욕구의 다양성과 복합성을 반영할 수 있다.
- 정책적 설득력 확보

  주민의 직접적인 참여와 발언은 서비스 개발의 필요성과 정당성을 강화하는 데 기여한다.

(5) 유의점

- 참여자의 대표성 확보가 중요하며, 특정 집단의 의견만 반영되지 않도록 균형 있는 참여가 필요하다.
- 의견의 정리와 분석이 복잡할 수 있으므로 체계적인 기록과 분류 작업이 요구된다.

5) 2차적 자료분석

2차적 자료분석은 욕구조사에서 지역사회에 대한 기존 자료를 활용하여 사회문제와 욕구를 간접적으로 파악하는 조사방법이다. 이는 새로운 자료를 직접 수집하지 않고, 이미 존재하는 다양한 기록과 통계자료를 분석함으로써 시간과 비용을 절감하면서도 유의미한 정보를 도출할 수 있는 방법이다.

6) 델파이 기법

델파이 기법은 지역사회 욕구조사에서 전문가 집단의 의견을 체계적으로 수렴하기 위한 방법으로, 지역사회 리더와 전문가들로 구성된 패널을 대상으로 반복적인 설문조사를 실시하여 의견의 일치를 도출하는 과정을 말한다. 이 기법은 복잡한 사회문제나 정책적 사안에 대해 합리적이고 집단지성에 기반한 해결방안을 도출하는 데 효과적이다.

7) 초점집단 조사

초점집단 조사는 욕구조사에서 질적 자료를 수집하기 위한 대표적인 방법으로, 특정 문제와 관련된 소수의 사람들(보통 6~10명)을 대상으로 집단을 구성하여 자유로운 토론을 통해 욕구를 도출하는 방식이다. 이 방법은 참여자 간의 상호작용을 통해 심층적인 의견과 다양한 관점을 수렴할 수 있다는 점에서 매우 유용하다.

CHAPTER 13

평가조사

1. 평가조사의 의의 및 목적
2. 평가조사의 종류
3. 평가의 기준과 평가요소

13 평가조사

CHAPTER

1. 평가조사의 의의 및 목적

1) 평가조사의 의의

평가조사는 응용조사의 한 형태로서, 사회복지 프로그램이나 임상적 개입이 계획대로 실행되고 있는지, 그리고 설정된 목표를 얼마나 효과적이고 효율적으로 달성하고 있는지를 분석하기 위해 실시된다. 이 조사를 통해 현재 운영 중인 프로그램이 지속되어야 하는지, 중단되어야 하는지, 혹은 수정이 필요한지를 판단할 수 있으며, 수정이 필요하다면 어떤 방향으로 개선해야 하는지에 대한 실질적인 시사점을 도출할 수 있다.

사회복지 분야에서는 다양한 실천 프로그램이 개발되어 운영되고 있는데, 이러한 프로그램이 본래 의도한 목적과 목표를 제대로 달성하고 있는지를 평가하는 것은 매우 중요하다. 특히 프로그램이 비용 대비 효과적인지를 분석하는 과정은 서비스의 질을 향상시키고 불필요한 자원 낭비를 줄이는 데 기여한다. 이는 사회복지기관이 요구받는 책임성과 투명성을 실현하는 데 있어서도 핵심적인 역할을 한다.

따라서 평가조사는 단순한 성과 측정을 넘어, 사회복지실천의 방향성과 전략을 설정하는 데 있어 필수적인 과정이며, 기관의 운영 효율성과 사회적 신뢰를 확보하는 데 중요한 의미를 가진다.

2) 평가조사의 목적

사회복지 프로그램의 평가조사는 클라이언트에게 최적의 서비스를 제공하기 위한 프로그램 개발에 필요한 자료를 수집하고, 사회복지기관과 종사자들의 책임성을 보증하며, 사회복지이론의 형성에 기여하는 것을 주요 목적으로 한다. 이러한 목적은 사회복지실천의 질적 향상과 제도적 정당성을 확보하는 데 중요한 기반이 된다.

(1) 환류적 목적

프로그램의 계획이나 운영과정을 개선하기 위한 피드백 정보를 제공하는 것으로, 프로그램의 중단, 축소, 유지, 확대 여부를 결정하는 데 합리적인 판단 근거가 된다. 또한 프로그램 내용을 수정하거나 보다 효율적으로 운영하기 위한 실질적인 정보를 제공함으로써 서비스의 질을 향상시키는 데 기여한다.

(2) 책임성 수행

사회복지조직은 사회로부터 복지활동을 수행할 수 있도록 위임받은 기관이므로, 그 활동에 대해 성실히 책임을 져야 한다. 특히 복지비용의 증가와 국민들의 세부담 심화로 인해 기관의 운영에 대한 책임성이 더욱 강조되고 있으며, 이에 따라 예산과 자원의 사용, 기관의 목표 달성 여부 등을 평가하여 책임성 이행의 근거를 마련하는 것이 필수적이다.

(3) 이론의 형성

프로그램의 운영 방식과 결과를 검토하고 분석함으로써, 프로그램이 클라이언트에게 어떤 영향을 미쳤는지를 평가하고 그 인과관계를 규명할 수 있다. 이를 통해 새로운 이론을 형성하거나 기존 이론을 수정·보완하는 데 기여하며, 사회복지학의 학문적 발전에도 중요한 역할을 한다.

2. 평가조사의 종류

평가조사를 보다 깊이 있게 이해하기 위해서는 사회복지사업을 일반체계모형의 관점에서 바라볼 필요가 있다. 일반체계모형은 모든 사회체계를 [투입]-[과정]-[산출]-[성과]의 구조로 설명하며, 사회복지사업 역시 이러한 구조 속에서 운영되고 평가될 수 있다.

- **투입** : 투입은 프로그램을 운영하기 위해 필요한 자원과 조건을 의미한다. 여기에는 인적 자원(사회복지사, 자원봉사자 등), 물적 자원(시설, 장비, 예산 등), 제도적 자원(법적 기반, 행정 지원 등)이 포함된다. 투입은 프로그램의 시작점으로서, 서비스 제공을 위한 기반을 형성한다.
- **과정** : 과정은 투입된 자원을 활용하여 실제로 프로그램을 운영하는 단계이다. 이 단계에서는 클라이언트와의 접촉, 서비스 제공, 개입 활동, 상담, 교육 등의 실천이 이루어진다. 과정은 프로그램의 실행력을 평가하는 핵심 요소로, 서비스의 질과 운영의 적절성을 판단하는 기준이 된다.
- **산출** : 산출은 프로그램을 통해 직접적으로 나타나는 결과를 의미한다. 예를 들어, 상담 횟수, 교육 참여자 수, 서비스 이용 건수 등이 이에 해당한다. 산출은 프로그램이 얼마나 활발하게 운영되었는지를 보여주는 양적 지표로 활용된다.

- 성과 : 성과는 산출을 통해 클라이언트에게 실제로 나타난 변화나 효과를 의미한다. 이는 클라이언트의 삶의 질 향상, 문제해결, 기능 회복 등과 같은 질적 변화로 나타나며, 프로그램의 궁극적인 목표 달성 여부를 평가하는 기준이 된다.

이러한 일반체계모형은 평가조사에서 각 단계별로 무엇이 작동하고 있으며, 어떤 부분이 개선되어야 하는지를 분석하는 틀을 제공한다. 특히 성과 중심의 평가를 통해 프로그램의 효과성과 효율성을 검증하고, 향후 실천 방향을 설정하는 데 중요한 기초가 된다.

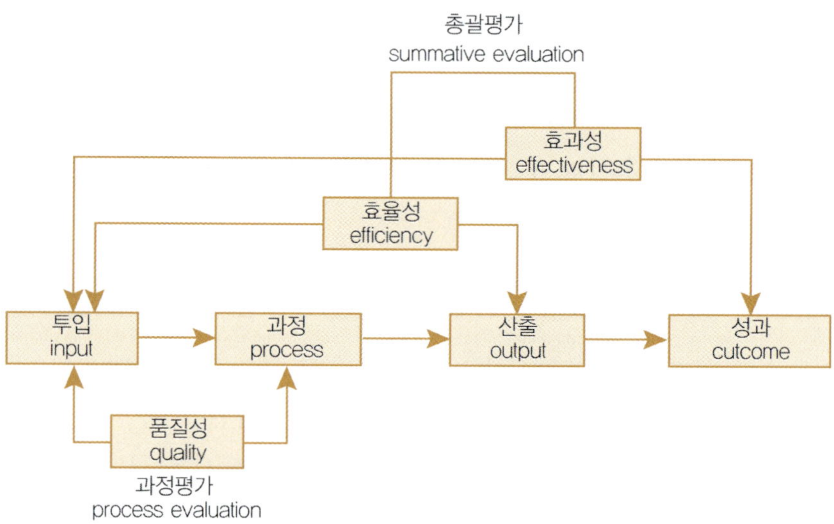

| 그림 13-1 | 평가를 위한 사회복지사업의 구성요소

1) 평가의 목적 및 수행절차에 따라 : 형성평가와 총괄평가

(1) 형성평가

형성평가는 사회복지 프로그램이 운영되는 전 과정에서 실행상의 장단점을 파악하고, 프로그램의 품질 향상을 위한 개선방안을 마련하기 위해 실시하는 평가이다. 이 평가를 통해 얻은 정보는 환류자료로 활용되어 프로그램을 수정·보완하고, 궁극적으로 프로그램의 효과성과 지속가능성을 높이는 데 기여한다.

형설평가는 프로그램이 계획대로 실행되고 있는지 여부를 점검하는 것뿐만 아니라 어떻게 하면 프로그램을 보다 효과적으로 운영하고 유지할 수 있을지에 대한 실천적 문제들을 탐색한다. 이러한 특성 때문에 형성평가는 과정평가라고도 불리며, 프로그램의 형성과 발전에 직접적인 영향을 미친다.

과정평가에서 다루는 주요 질문들은 다음과 같다.

- 표적집단 가운데 얼마나 많은 인원이 실제로 서비스를 받고 있는가?
- 어떤 유형의 개인들이 서비스에서 배제되고 있는가?
- 표적집단 중 서비스 이용을 거부하는 이유는 무엇인가?
- 여러 시설 중에서 어느 시설이 가장 많은 클라이언트에게 서비스를 제공하고 있는가?
- 어떤 유형의 임상가가 특정 목표대상에게 가장 적합한가?
- 다양한 임상가들이 보유한 개입기술 수준은 어느 정도인가?
- 임상가들이 어떤 분야에서 준비가 부족하며, 어떤 분야에서 보충 교육이 필요한가?
- 시설의 새로운 절차에 대해 종사자들은 어떻게 반응하며, 그로 인해 어떤 어려움을 겪고 있는가?
- 클라이언트들은 서비스에 대해 만족하고 있는가? 만족 또는 불만족의 구체적인 이유는 무엇인가?
- 클라이언트들이 프로그램 참여를 중도에 그만두는 주요 원인은 무엇인가?

(2) 총괄평가

총괄평가는 사회복지 프로그램이 종료된 이후에 실시되는 평가로, 프로그램의 성공 여부와 실패 요인을 확인하고, 그 결과를 이해관계자에게 명확히 제시하기 위한 조사이다. 이 평가는 프로그램이 설정한 목표를 얼마나 효과적으로 달성했는지, 그리고 자원이 얼마나 효율적으로 사용되었는지를 분석함으로써 프로그램의 효과성과 효율성을 중심으로 이루어진다.

총괄평가는 단순한 결과 확인을 넘어 단기성과, 중기성과, 장기성과에 대한 정보를 종합적으로 수집하고 분석하여 프로그램의 전체적인 성과를 평가한다. 단기성과는 프로그램 종료 직후 나타나는 직접적인 변화, 중기성과는 일정 기간이 지난 후의 지속적인 효과, 장기성과는 사회적 영향이나 구조적 변화 등 장기적인 결과를 포함한다.

이러한 평가의 신뢰성을 확보하기 위해서는 객관성이 높은 자료를 사용하는 것이 필수적이다. 즉, 평가 결과가 주관적 판단에 의존하지 않고, 명확한 지표와 근거를 바탕으로 도출되어야만 이해관계자에게 설득력 있는 정보를 제공할 수 있다.

총괄평가는 사회복지 프로그램의 성과를 공식적으로 검증하고, 향후 유사 프로그램의 설계와 실행에 참고할 수 있는 실증적 자료를 제공함으로써, 사회복지실천의 질적 향상과 제도적 정당성을 확보하는 데 중요한 역할을 한다.

① 효과성 평가

효과성 평가는 사회복지 프로그램이나 조직이 설정한 목표를 얼마나 성취했는지를 분석하는 평가 방식으로, 프로그램의 실질적인 효과와 그 원인을 규명하는 데 목적이 있다. 즉, 의도했던 목표가 실제로 달성되었는지, 그리고 그 성과가 해당 프로그램에 의해 발생했는지를 확인하는 것이 핵심이다.

이러한 평가를 위해서는 먼저 프로그램의 목표를 명확히 설정하는 것이 선행되어야 하며, 이후 그 목표가 얼마나 실현되었는지를 측정 가능한 지표로 조작화하여 분석한다. 효과성 평가에서는 프로그램을 독립변수로, 프로그램의 목표를 종속변수로 설정하고, 내적 타당도를 확보할 수 있는 실험조사설계를 활용하는 경우가 많다. 이는 평가 결과가 프로그램의 영향 때문이라는 것을 명확히 하기 위함이다.

효과성 평가는 다음과 같은 질문에 대한 답을 찾는 과정이다.

- 의도했던 프로그램 효과가 실제로 그 프로그램에 의해 발생했는가?
- 발생한 효과는 프로그램 목표와 비교하여 어느 정도인가?
- 그 효과의 크기가 원래 해결하고자 했던 사회문제를 해결하는 데 충분한가?
- 의도하지 않았던 부수적인 효과가 있었는가? 있었다면 그 정도는 어느 수준인가?

이러한 분석을 통해 프로그램의 중단, 축소, 유지, 확장 여부를 결정하는 데 필요한 실질적인 정보를 제공받을 수 있다.

효과성 평가는 크게 두 가지 유형으로 나뉜다. 산출평가는 프로그램이 클라이언트에게 무엇을 얼마나 수행했는지를 평가하는 것으로, 양적인 결과 중심의 평가이다. 예를 들어, 상담 횟수, 교육 참여자 수, 서비스 제공 건수 등이 이에 해당한다.

성과평가는 클라이언트의 변화와 같은 질적인 성과 중심의 평가로, 프로그램이 클라이언트에게 미친 실질적인 영향과 변화를 분석한다. 이는 사회복지가 추구하는 가치와 질적 서비스의 실현 여부를 평가하는 데 더 적합하다.

② 효율성 평가

효율성 평가는 사회복지 프로그램이 설정한 성과를 달성하는 데 있어 얼마나 비용효율적으로 운영되었는지를 분석하는 평가 방식이다. 즉, 프로그램 수행에 투입된 자원과 그로 인해 얻은 효과 간의 관계를 파악하여, 비용 대비 성과의 적절성을 평가하는 것이다.

효율성은 일반적으로 투입과 산출의 비율로 표현된다. 여기서 투입은 프로그램 수행에 들어간 비용을 의미하고, 산출은 프로그램을 통해 얻은 효과 또는 편익을 의미한다. 이 비율을 통해 프로그램의 경제적 타당성을 판단할 수 있으며, 다음과 같은 질문을 중심으로 평가가 이루어진다.

- 프로그램의 직접적 비용은 얼마인가?
- 부작용이나 사회적 충격을 포함한 사회적 비용은 얼마인가?
- 프로그램의 효과(편익)는 비용을 정당화할 만큼 충분한가?
- 적절한 비용으로 프로그램을 성공적으로 수행했는가?
- 더 적은 비용으로 같은 결과를 낼 수 있는 대안은 없는가?

효율성 평가를 수행하는 데에는 두 가지 주요 접근방법이 있다.

㉠ **비용-편익 분석**: 비용-편익 분석은 프로그램에 투입된 자원을 화폐 단위로 환산한 비용과, 프로그램을 통해 얻은 성과를 화폐적 가치로 환산한 편익을 비교하는 방식이다. 이때 편익은 해당 서비스가 제공되지 않았을 경우 발생할 수 있었던 부정적 결과를 기준으로 추정되며, 편익/ 비용의 비율이 클수록 효율성이 높은 프로그램으로 간주된다.

㉡ **비용-성과 분석**: 비용-성과 분석은 성과를 화폐로 환산하지 않고, 유사한 목표를 가진 여러 프로그램의 비용을 비교하여 최소 비용으로 최대 효과를 낸 프로그램을 가장 효율적이라고 판단하는 방식이다.

2) 자료의 성격과 조사방법에 따라 : 양적 평가와 질적 평가

(1) 양적 평가

양적 평가는 사회복지 프로그램이나 개입의 효과를 계량화된 자료를 통해 분석하는 평가 방식으로, 객관적이고 통계적인 접근을 통해 프로그램의 성과를 검증하고자 할 때 활용된다. 이 평가는 주로 실험적 설계나 구조화된 조사도구를 통해 자료를 수집하며, 연역적 방법론에 기반하여 가설을 설정하고 이를 검증하는 과정을 거친다.

양적 평가는 숫자, 비율, 빈도, 평균, 표준편차 등과 같은 강성(hard) 자료를 중심으로 분석이 이루어지며, 이를 통해 프로그램의 효과성, 효율성, 만족도 등을 정량적으로 측정할 수 있다. 일반적으로 구조화된 질문지나 척도를 사용하여 응답자의 반응을 수치화하고, 통계적 기법을 통해 결과를 해석한다.

이러한 방식은 평가 결과의 객관성과 재현 가능성을 높이며, 정책 결정자나 이해관계자에게 신뢰성 있는 근거자료를 제공하는 데 유리하다. 그러나 심층적인 맥락이나 개인의 주관적 경험을 반영하기 어렵다는 한계도 존재하므로, 필요에 따라 질적 평가와 병행하여 활용하는 것이 바람직하다.

(2) 질적 평가

질적 평가는 사회복지 프로그램의 성과를 객관적인 수치로 평가하기보다는, 프로그램이 운영되는 자연스러운 상황 속에서 수량화되지 않는 자료를 수집하고 귀납적으로 분석하는 평가 방식이다. 이 평가는 프로그램 관리자와 대상자 중심의 면접과 관찰을 통해 얻은 연성자료를 바탕으로 프로그램의 실제 운영 맥락과 의미를 깊이 있게 이해하고자 한다.

질적 평가는 프로그램 자체와 그것을 둘러싼 환경, 참여자의 경험과 반응, 실천현장의 역동성 등을 포착하는 데 중점을 두며, 이를 통해 프로그램의 개선 방향을 모색하는 데 더 큰 관심을 갖는다. 따라서 평가의 목적은 단순한 성과 측정이 아니라 실천적 통찰과 맥락적 이해를 통해 프로그램의 질을 향상시키는 데 있다.

주요 자료수집방법으로는 다음과 같은 방식이 활용된다.

- 심층면접 : 프로그램 관리자, 실무자, 클라이언트 등과의 대화를 통해 경험과 인식을 수집
- 참여관찰 : 프로그램이 실제로 운영되는 현장을 직접 관찰하여 행동과 상호작용을 기록
- 사례연구 : 특정 클라이언트나 상황을 중심으로 프로그램의 효과와 과정을 분석

질적 평가는 귀납적 분석을 통해 자료를 해석하며, 평가자는 자료 속에서 반복되는 주제나 의미를 찾아내어 프로그램의 강점과 개선점을 도출한다. 이 과정은 평가자의 해석 능력과 현장 이해도에 크게 의존하며, 평가 결과는 정량적 지표보다 서술적이고 해석적인 형태로 제시된다.

3) 평가의 시점에 따라 : 적합성 평가와 메타평가

(1) 적합성 평가

적합성 평가는 개별 프로그램의 효과성이나 효율성을 평가하기에 앞서, 그 프로그램이 설정한 목표가 사회적 가치나 사회정책적 관점에서 바람직하고 타당한지를 검토하는 평가 방식이다. 이는 프로그램의 실행 여부나 성과를 판단하기 이전에, 그 방향성과 목적 자체가 사회적으로 수용 가능한지를 평가하는 과정으로 이해할 수 있다.

사회복지 프로그램은 단순히 성과를 내는 것만으로 충분하지 않으며, 그 성과가 사회 전체의 복지 증진과 공공의 이익에 부합하는지를 확인하는 것이 중요하다. 따라서 적합성 평가는 프로그램이 사회적 약자 보호, 평등 증진, 복지 향상 등 사회복지의 핵심 가치와 얼마나 일치하는지를 판단하는 데 중점을 둔다.

이 평가를 통해 다음과 같은 질문에 대한 답을 도출할 수 있다.

- 프로그램의 목표가 사회적 가치와 윤리적 기준에 부합하는가?
- 해당 목표가 현행 사회복지정책 및 제도와 일관성을 갖고 있는가?
- 프로그램이 사회적 불평등이나 소외 문제를 해결하는 데 기여할 수 있는가?
- 목표가 현실적이며 달성 가능한 수준으로 설정되었는가?

적합성 평가는 프로그램의 출발점이 올바른지를 확인하는 과정으로, 이후 실시되는 효과성 평가나 효율성 평가의 기초적 판단 기준을 제공한다. 만약 프로그램의 목표가 사회적으로 부적절하거나 편향되어 있다면, 아무리 높은 성과를 내더라도 그 프로그램은 지속되기 어려우며, 사회적 지지를 얻기 힘들다.

(2) 메타평가

메타평가는 이미 수행된 프로그램 평가를 종합적으로 검토하고 분석하는 평가 방식으로, 흔히 '평가에 대한 평가'라고 불린다. 이는 기존 평가가 적절한 방법론에 따라 수행되었는지, 자료수집과정에 오류는 없었는지, 결과 해석이 타당한지를 검토함으로써 평가의 질을 보장하고 개선 방향을 제시하는 데 목적이 있다.

메타평가는 평가가 최종 보고서로 발간되기 이전에 이루어지는 경우가 많으며, 평가의 신뢰성과 타당성을 확보하기 위한 사전 점검 단계로 기능한다. 또한 기존에 수행된 여러 평가연구를 통합·정리하여 비교 분석하는 방식으로도 활용되며, 이를 통해 특정 프로그램이나 정책에 대한 보다 객관적이고 종합적인 판단을 가능하게 한다.

메타평가에서 주로 검토하는 내용은 다음과 같다.

- **평가 방법의 적정성** : 사용된 조사설계, 분석기법, 자료수집방식 등이 평가 목적에 적합했는가?
- **자료수집의 오류 여부** : 조사과정에서 편향이나 누락, 부정확한 정보가 있었는가?

- **결과 해석의 타당성** : 평가자가 제시한 결론이 자료에 근거하고 있으며 논리적으로 타당한가?
- **보고서의 완성도** : 평가 결과가 이해관계자에게 명확하게 전달될 수 있도록 구성되었는가?

메타평가는 평가의 신뢰성과 전문성을 높이는 데 중요한 역할을 하며, 특히 사회복지 분야에서는 정책 결정과 프로그램 개선을 위한 근거자료로서의 평가의 질을 확보하는 데 필수적인 절차로 간주된다.

4) 평가의 대상에 따라 : 프로그램 평가와 기관평가

(1) 프로그램 평가

프로그램의 효과성, 효율성, 영향, 질, 클라이언트 만족도에 주된 관심을 두는 평가이다.

(2) 기관평가

기관이 설립이념이나 목적에 다라 운영되고 있는지에 초점을 두는 평가이다. 기관평가에는 프로그램 평가도 포함되지만 그 외에도 조직 및 시설관리, 재정관리, 인력관리, 지역사회 관계 등을 포함한다.

5) 평가의 주체에 따라 : 외부평가와 내부평가

(1) 외부평가

외부평가는 프로그램을 수행하는 조직의 구성원이 아닌 조직 외부의 전문가나 평가기관에 의해 실시되는 평가를 의미한다. 외부평가는 객관성과 중립성을 확보할 수 있다는 점에서 강점이 있으며, 평가 결과에 대한 신뢰성과 공공성을 높이는 데 유리하다. 외부평가는 전문적인 평가기법과 분석 능력을 바탕으로 프로그램의 효과성, 효율성, 적합성 등을 종합적으로 검토하며, 이해관계자에게 독립적인 시각에서 평가 결과를 제시할 수 있다.

(2) 내부평가

내부평가는 사회복지기관의 최고 관리자, 프로그램 관리자, 실무자 등 조직 내부의 구성원에 의해 수행되는 평가이다. 내부평가는 프로그램의 운영 맥락과 현장 상황에 대한 이해도가 높고, 즉각적인 피드백과 개선이 가능하다는 장점이 있다. 또한 평가 결과를 실천에 빠르게 반영할 수 있어 프로그램의 지속적 개선에 효과적이다. 그러나 평가자의 주관이나 조직 내 이해관계에 따라 객관성이 저하될 수 있는 위험도 존재한다.

3. 평가의 기준과 평가요소

프로그램 평가의 기준이란 평가를 수행하기 위한 준거를 의미하며, 이는 프로그램의 어느 측면을 중심으로 평가할 것인지에 대한 초점과 방향을 설정하는 과정이다. 즉, 프로그램이 운영되는 다양한 측면 중에서 무엇을 중심으로 평가할 것인지에 대한 판단 기준을 마련하는 것이다.

이와 함께 프로그램 평가요소는 평가기준에 따라 실제로 평가의 대상이 되는 구체적인 항목을 의미한다. 평가요소는 프로그램의 목표 달성 여부를 확인할 수 있는 요소여야 하며, 각 평가기준에 대응하는 실천적 지표로서 기능한다. 평가기준이 설정되면, 그 기준을 바탕으로 평가요소를 구체화하여 실제 평가가 이루어질 수 있도록 한다.

〈표 13-1〉 평가의 기준과 평가요소

기 준	정 의	평가요소의 예
노력성	프로그램 활동의 양	**프로그램의 투입 요소와 이의 전환과정** • 단위 활동 수 • 이용자의 수 • 전문지식과 기술의 소유와 활용 정도(전문인력 수) • 프로그램 예산 및 자원 • 프로그램 기간 및 하위활동의 단위기간 등 • 프로그램 활동에 대한 전문인력의 투입시간
효과성	프로그램 목표의 달성 정도	**목표 달성과 프로그램 노력의 인과관계** • 이용자의 인지적·감정적 변화 • 이용자의 행동상의 변화 • 이용자집단의 사회적 변화 등
효율성	산출대비비용 정도	**서비스 단위 산출당 소요비용** • 프로그램 노력(위의 요소들)에 대한 비용 • 프로그램 결과에 대한 비용 등
영향	사회문제나 이용자 욕구 변화에 미친 영향	**프로그램 노력과 사회적 지표 변화 간의 관계** • 위기집단과 표적집단 내에서의 변화 정도 • 사회지표상의 변화에 대한 실증적 기대 정도 등
품질	프로그램의 전문성	**프로그램 제공자의 전문성** • 서비스 인력의 전문자격 소유 여부와 정도 • 프로그램에서 활용하고 있는 전문지식과 기술의 발전 상태 등
과정	프로그램 결과의 경로	**프로그램 운영상의 매개체** • 세부목표(수단적 목표)들의 달성 정도와 연계성 • 세부목표와 프로그램 결과 사이의 영향 정도의 차이 등
형평성	프로그램 배분의 공평성	**프로그램의 접근성** • 대상집단에게 접근기회가 주어지는지의 여부와 그 정도 • 프로그램 활동이 지역 내에 균등하게 배분되는 정도 등

CHAPTER 14

보고서 작성

1. 보고서 작성의 의의
2. 보고서 작성의 유의 사항
3. 보고서의 구성
4. 보고서의 내용

14 CHAPTER 보고서 작성

1. 보고서 작성의 의의

조사연구의 마지막 단계는 보고서 작성이다. 이는 자료수집과 분석, 해석을 마친 후 연구 결과를 문서화하여 전달하는 과정으로서 매우 중요한 의미를 가진다. 보고서 작성의 가장 기본적인 목적은 연구 결과를 사람들에게 알리는 것이며, 동시에 그 결과에 대한 타당성과 객관성을 검증받는 수단이 된다.

보고서는 연구자가 수행한 모든 과정을 담아내는 종합적인 기록물로서, 연구의뢰자와 연구이용자에게 정확하고 명확한 정보를 제공하는 역할을 한다. 따라서 보고서는 단순한 결과 요약이 아니라 연구의 목적, 방법, 과정, 결과, 해석, 결론까지를 체계적으로 정리하여 전달하는 문서여야 한다.

아무리 우수한 연구 결과를 도출했다 하더라도, 그것이 적절하게 전달되지 않으면 그 가치를 제대로 인정받기 어렵다. 보고서가 잘 작성되어야만 연구의 성과가 사회적으로 활용될 수 있으며, 사람들은 보고서를 통해 자신에게 필요한 정보와 지식을 얻고, 실천적 또는 정책적 판단을 내릴 수 있게 된다.

2. 보고서 작성의 유의 사항

조사연구의 결과를 효과적으로 전달하기 위해서는 보고서 작성에 있어 몇 가지 중요한 사항을 유념해야 한다. 보고서는 단순한 문서가 아니라 연구의 성과를 사회와 공유하고, 이해관계자에게 정보를 제공하는 소통의 도구이기 때문에 내용의 정확성과 표현의 적절성이 매우 중요하다.

(1) 보고서의 문체는 보고 대상에 맞추어 작성되어야 한다

보고서를 접하게 될 독자의 수준과 관심을 고려하여 전문적이면서도 이해하기 쉬운 표현을 사용하는 것이 바람직하다. 보고 대상이 학계인지, 실무자나 정책 결정자인지에 따라 문체와 설명 수준을 조정해야 한다.

(2) 문장 표현은 정확하고 간결해야 하며 시제 사용에도 주의가 필요하다

기존의 연구결과를 인용할 때는 과거 시제를 사용하고, 자신의 조사결과를 설명할 때는 현재 시제를 사용하는 것이 일반적인 원칙이다. 이는 독자가 내용을 시간적으로 구분하여 이해하는 데 도움을 준다.

(3) 통계자료나 분석 결과는 표나 그림을 활용하여 시각적으로 제시하는 것이 효과적이다

표와 그림은 일정한 양식을 갖추어야 하며, 독자가 쉽게 이해할 수 있도록 적절한 해석과 설명을 함께 제공해야 한다. 시각적 자료는 복잡한 정보를 간결하게 전달하는 데 유용하다.

(4) 보고서는 정확성, 명료성, 간결성을 갖추어야 한다

문법적으로 오류가 없어야 하며, 논리적으로 질서정연하게 구성되어야 한다. 문장 배열은 간결하게 하되, 핵심적인 내용은 빠짐없이 포함되어야 하며, 불필요한 설명이나 반복은 피해야 한다.

3. 보고서의 구성

조사연구보고서의 구성은 보고서의 성격에 따라 세부적으로 달라질 수 있지만, 일반적으로는 ① 앞부분, ② 본문, ③ 참고부분의 세 가지 큰 틀로 구성된다. 각 부분은 보고서의 목적과 내용에 따라 몇 개의 항목으로 세분화된다.

1) 앞부분

보고서의 시작을 알리는 부분으로, 보고서 제목, 요약, 목차 등으로 구성된다. 제목은 보고서의 주제를 명확히 드러내야 하며, 요약은 전체 내용을 간결하게 정리하여 독자가 보고서의 핵심을 빠르게 파악할 수 있도록 한다. 목차는 내용목차와 표·그림목차로 나뉘며, 보고서의 구조와 흐름을 한눈에 보여주는 역할을 한다.

2) 본 문

보고서의 중심이 되는 부분으로, 서론, 본론, 결론으로 구성된다. 서론에서는 연구의 목적, 필요성, 배경, 문제 제기 등을 설명하고, 본론에서는 연구 방법, 자료 분석, 결과 등을 상세히 기술한다. 결론에서는 연구 결과를 요약하고, 그에 따른 해석과 제언을 제시함으로써 보고서를 마무리한다.

3) 참고부분

보고서에서 인용하거나 참고한 문헌을 정리한 참고문헌 목록과 본문에서 다루지 못한 보충자료나 통계표 등을 포함한 부록으로 구성된다. 이 부분은 보고서의 신뢰성과 완성도를 높이는 데 중요한 역할을 한다.

4. 보고서의 내용

1) 연구 제목

연구 제목은 보고서의 주제를 명확히 드러내는 역할을 하며, 독자가 보고서의 핵심 내용을 빠르게 파악할 수 있도록 한다. 제목을 통해 독립변수와 종속변수를 유추할 수 있으며, 때로는 주요 연구결과를 암시하기도 한다.

2) 초록(요약)

초록은 보고서의 전체 내용을 간결하게 요약한 부분으로, 연구의 목적, 배경, 주제, 가설, 조사방법, 주요 결과 및 결론 등을 포함한다. 독자가 짧은 시간 안에 보고서의 핵심을 이해할 수 있도록 돕는다.

3) 목 차

목차는 보고서의 각 항목을 순서대로 나열하고, 해당 페이지를 표시하여 독자의 편의를 도모한다. 도표나 그림이 많은 경우에는 별도의 표목차를 추가하는 것이 바람직하다.

4) 서 론

서론에서는 연구의 배경과 목적, 조사 범위, 연구문제 및 가설을 제시한다. 기존 연구와의 비교를 통해 연구의 필요성과 중요성을 설명하며, 필요한 경우 용어 정의와 연구방법의 개괄적 설명도 포함한다.

5) 본 론

본론은 보고서의 중심 부분으로, 다음과 같은 항목으로 구성된다.

- 이론적 배경 : 기존 연구와 이론을 정리하고, 문헌조사를 통해 연구문제와 가설의 근거를 제시한다.
- 조사방법 : 조사설계, 조사대상자 선정, 자료수집방법, 개념 및 변수 정의, 측정도구, 자료분석방법 등을 상세히 설명한다.
- 조사결과의 분석 및 제시 : 통계분석 결과를 사실 그대로 제시하고, 가설별로 주요 발견을 요약한다. 표나 차트를 활용하여 핵심 내용을 간결하게 전달한다.

6) 논의 및 결론

결론에서는 조사결과를 요약하고, 그 의미를 논의한다. 가설의 지지 여부, 학술적·실천적·정책적 시사점, 연구의 제한점, 향후 연구 방향 등을 포함하여 독자가 결과를 폭넓게 이해할 수 있도록 한다.

7) 참고문헌

보고서 작성 중 인용하거나 참고한 모든 문헌을 정리하여 제시한다. 참고문헌의 형식은 발표하려는 학술지의 지침에 따라 작성해야 한다.

8) 부 록

부록은 본문에 포함하기 어려운 자료를 첨부하는 부분으로, 설문지, 측정 도구, 보조 통계자료, 그림 등이 포함된다. 연구의 완성도를 높이고, 독자의 이해를 돕는 역할을 한다.

이와 같은 구성은 조사연구보고서의 논리성과 체계성을 확보하고, 독자가 연구의 전 과정을 명확하게 이해할 수 있도록 돕는다. 보고서 작성자는 각 항목을 정확하고 간결하게 서술함으로써 연구의 신뢰성과 활용도를 높이는 데 기여해야 한다.

참고문헌

강종수(2009). **사회복지조사방법론**. 경기 : 양서원.

김기원(2001). **사회복지조사론**. 서울 : 나눔의집.

김영종(2007). **사회복지조사론 : 이해와 활용**. 서울 : 학지사.

김영종(2007). **사회조사방법론**(제2판). 서울 : 학지사.

김통원(2003). **사회복지 프로그램 개발과 평가**. 서울 : 학지사.

사회복지사 국가자격시험 연구회(2025). **사회복지사 1급 수험서 공감**. 경기 : 공동체.

성규탁(1994). **사회복지행정론**. 경기 : 법문사.

성숙진 · 유태균 · 이선우 공역(1998). **사회복지조사방법론**. 경기 : 나남출판.

성태제(2002). **타당도와 신뢰도**. 서울 : 학지사.

원석조(2012). **사회복지조사론**. 경기 : 공동체.

이익섭 · 이윤로(2004). **사회복지 조사방법의 이해**. 서울 : 학지사.

이종환(2011). **맥락으로 이해하는 사회과학 조사방법론**. 경기 : 공동체.

정무성 · 정진모(2001). **사회복지 프로그램 개발과 평가**. 경기 : 양서원.

조성우 · 노재현(2009). 사회복지 성과측정 자료집. 조사연구 2009-01. 사회복지공동모금회.

최선희(2012). **사회복지조사방법론**. 경기 : 공동체.

채구묵(2005). **사회복지조사방법론**(제2판). 경기 : 양서원.

채서일(2005). **사회과학조사방법론**(제3판). 서울 : 비앤엠북스.

최성재(2007). **사회복지조사방법론**. 경기 : 나남출판.

한동우(2000). 사회복지 프로그램 평가의 방향과 실천. 2000년 추계학술대회 및 워크숍. 한국사회복지행정학회.

황성동(2009). **알기 쉬운 사회복지조사방법론**. 서울 : 학지사.

황창순 외(2012). **사회복지조사론**. 경기 : 양서원.

Babble, Earl(1992). *The Practice of Social Research*(9th ed.). Belmont, CA : Wadsworth.

Bradshaw, Jonathan(1972). The Concept of Social Needs. *New Society, 19*(March), 640-643.

Cambell, Donald T., & J. C. Stanley(1963). *Experimental and Quasi-experimental Designs for Research*. Chicago : Rand Mcnally College Publishing Co.

Chalmers, Alan F.(1994). *What Is This Thing Called Science?*. Australia : University of Queensland Press.

Fortune, Anne E., & William J. Reid(1998). *Research in Social Work*. New York : Columbia University Press.

Kahn, Alfred J.(1969). *Theory and Practice of Social Planning*. New York : Russell Sage Foudation.

Kerlinger, Fred N.(1986). *Foundation of Behavioral Research*(3rd ed.). New York : Holt, Rinehart and Winston.

Kuhn, Thomas S.(1970). *The Structure of Science Revolution*(2nd ed.). Chicago : University of Chicago Press.

Maslow, Abraham H.(1954). *Motivation and Perponality*. New York : Harper.

Nachmias, Chava Frankfort & Daved Nachmias(1992). *Research Methods in the Social Sciences*(4th ed.). New York : St. Martin's Press.

Neuman, W. Lawrence(1991). *Social Research Methods*. MA : Allyn & Bacon.

______________(2006). *Social Research Methods*(6th ed.). MA : Allyn & Bacon.

Phillips, Bernard(1985). *Sociological Research Methods: An Introduction*. IL : Dorsey Press.

Popper, Karl R.(1968). *The Logic of Scientific Discovery*. London : Hutchinson.

Reid, William J., & A. D. Smith(1981). *Research in Social Work*. New York : Colmbia University Press.

Rubin, A., & Babbie(2005). *Research Methods for Social Work*(5th ed.). CA : Thomson Brooks/Cole.

______________(2007). *Essential Research Methods for Social Work*. CA : Thomson Brooks/Cole.

저/자/약/력

■ **김장권**

사회복지사 1급 국가고시 출제위원(4, 6회)
근로복지공단 직업재활자문위원 역임
사회복지 정치참여네트워크추진단 사회복지정책자문위원 역임
한국사회복지행정학회 이사 역임
경상북도사회복지공동모금회 배분분과실행위원 역임
대구가톨릭치매센터, 대구가톨릭대학교부속 안심종합사회복지관, 김천부곡사회복지관 등 근무
가톨릭상지대학교 산학협력처장, 산학협력단장, 기획실장, 대외협력실장, 국제교류원장 역임
현 가톨릭상지대학교 사회복지과 교수

■ **최재훈**

안동애명복지촌, 경상북도장애인종합복지관, 실로암시각장애인복지관, 경천노인요양원, 희망실버타운 등 근무
서울시관악구지역사회복지협의체 장애인분야 실무대표, 경북노인복지시설협회 정책위원장, 한국노인복지중앙회 실무위원, 노인장기요양보험 지역협의회 위원, 청송군 사회복지사협회 회장, 청송군 지역사회보장협의체 실무위원장 역임
장애인복지시설평가위원(2016년, 2022년, 2025년), 평가 컨설팅위원(2023년, 2024년)
현 가톨릭상지대학교 겸임교수, 사회복지법인 사랑나눔 사무총장, 베데스다 사무국장

〈연구, 논문〉
장애인직업재활전문요원의 근무실태 및 직무만족에 관한 연구(2002), 청송군 제4기 지역사회보장계획(2018), 청송군 제5기 지역사회보장계획(2022) 수립, 청송군 제5기 지역사회보장계획수립을 위한 지역주민욕구조사(2021), 안동의료원 공공보건의료 협력체계 구축사업 사회복지자원 기초조사(2022) 외 다수

■ **서윤주**

현 수성대학교 보건복지경영과 교수

사회복지조사론

|공저자| 김장권 · 최재훈 · 서윤주

|1판 1쇄| 발행 2025년 12월 30일

|발행인| 김동훈
|발행처| 공동체

|주소| 경기도 고양시 일산동구 호수로 358-39, 동문타워 1차 905호(백석동)
|전화| 031)814-3000(대표)
|팩스| 031)814-3100
|홈페이지| http://www.compub.co.kr
|전자우편| compub@naver.com
|출판등록| 2005년 10월 6일
|등록번호| 제396-2005-36호

|ISBN| 979-11-7554-041-5
정가 18,000원

MEMO

MEMO

MEMO

MEMO